打開天窗　敢説亮話

WEALTH

天窗出版

# 打造長勝強積金

梁世傑 著

# 目錄

# 序言：
# 靠強積金退休不是夢

投資就是在貪婪及恐懼這兩個極端內運作，要擁有最大的獲利，便要在他人貪婪時我恐懼，在他人恐懼時我貪婪。

奈何多數人對強積金卻十分吝惜，連每個月抽出十分鐘時間，去檢討一下自己的強積金資產部署都不願意。

筆者亦是過來人，明白不同年齡層的打工仔，面對強積金的心路歷程。年輕時因為強積金的金額少，不在意，日後經歷多次轉工，累積了一大堆強積金戶口，覺得太麻煩所以沒有處理。有時看到新聞説上個月強積金下跌了多少、蝕了多少，才偶然有少少衝動想去轉換一下強積金，可是總發覺不懂得登入系統，又忘記了登入名稱及密碼。到找回登入資料，又已經太忙，已經失去處理強積金的衝動。最重要的是，初時自己對投資全無頭緒，對強積金的負面印象亦根深柢固，覺得無論怎樣上心，強積金都不會有好結果，離65歲的提取日仍很遠。當年紀一天天增長，便開始為退休生活憂慮，才想起自己的強積金⋯⋯

以上的經歷，相信是大多數香港打工仔的寫照。筆者寫作本書的目的，正是想幫助大家走出強積金困境。無論你處於哪個年齡階段，只要善用本書所教的技巧，都能使強積金在你的人生路上發揮重大助益：

**年輕人**：盡早學懂部署強積金，達到年均回報8%以上，便可單靠強積金退休；

**中年人**：由淺入深，將強積金策略配合個人投資，由零儲蓄到夠錢退休；

**銀髮族**：適當調配不同的退休投資產品，降低投資風險，鎖定回報。

對強積金投入熱情和想像，是獲利的起步，我們甚至可以更貪婪一點，期望單靠強積金退休。多麼寫意的未來！

如果你亦如大多數香港打工仔一樣，對強積金充滿着負面情緒，筆

者誠邀你找出自己強積金的戶口結單，勇於面對虧損，再依照本書的投資策略，一步步重新部署，你的強積金定能敗部復活。

筆者的自身經驗是要先破除自己對強積金的一些迷思或誤解，重新客觀審視強積金，一步步研究合適策略。所以本書的第一章，就是要消除打工仔對於強積金的負面情緒，將對強積金的謬誤思想逐一打破，重新建立對強積金的信心；第二章再帶大家由基礎開始認識強積金，知己知彼。第三章會教各種投資策略，幫大家發揮及提升強積金回報，再配合第四章的其他退休投資部署，以及第五章的進階投資攻略，規劃最理想的退「優」生活，人生下半場繼續活出精彩！

chapter 1
強積金大平反

# 炒股投機，
# 不如投資強積金

香港人普遍對強積金充滿負面情緒，認為資產少、回報低、收費高……根本不願花時間處理。年輕的打工仔覺得距離65歲的提領日很遙遠，當自己有了一點投資知識或經驗，就更看不起強積金。為何要將自己的血汗錢拿去「養基金經理」？如果將強積金供款拿去自行投資，肯定能有更好回報！

自己炒股，表現一定好過強積金嗎？就讓我們來計計數，比較一下兩者回報。

## 炒股22年 VS 供強積金22年

讓我們從回報、風險和收費三方面，比較一下供強積金和自己直接投資港股的優劣。

首先來看看大家最關心的回報。回報指價格的變化，例如今天的價格與昨天的價格相比下降1%，回報率就是-1%。讓我們以2000年12月1日（強積金成立的日子）至2022年12月31日為期間，分別

計算恒指與強積金的年均回報率。由於恒生指數是除去派息後的數字,計算恒指總回報時需要補回派息。將恒生指數的回報率加上派息(年均3.3%),表現如下:

**圖表1.1　2000年至2022年間恒指年均回報**

|  | 恒生指數 | 恒生指數(計入派息) |
|---|---|---|
| 年均回報 | 2.58% | 5.88% |

接下來是計算風險,即波幅(Volatility)。波幅有一個客觀的計算方法,就是回報的標準差。標準差是一個統計學概念,已被廣泛應用於金融投資領域。標準差的數量單位是百分比,數字愈大,代表不同時段的回報之間差異愈大,即是風險愈高。恒生指數計入派息前後的波幅計算結果如下:

**圖表1.2　2000年至2022年間恒指平均波幅**

|  | 恒生指數 | 恒生指數(計入派息) |
|---|---|---|
| 年均回報 | 2.58% | 5.88% |
| 按月波幅 | 6.04% | 6.05% |

在投資理論之中,有一個極之重要的比率稱為夏普比率(Sharpe Ratio)。

William F. Sharpe(夏普)為美國史丹福大學商學院榮譽退休教授,亦是1990年諾貝爾經濟學獎得主。夏普於1966年提出了Reward-

to-variability Ratio，用以量度共同基金的表現，Reward-to-variability Ratio後來被人稱為Sharpe Ratio（夏普比率）。

夏普比率有多種不同的數式，但大體都是將回報率除以回報率的標準差，有興趣的打工仔可自行查找夏普比率的公式詳解。

$$S_p = \frac{\overline{r}_p - \overline{r}_f}{\sigma_p}$$

夏普比率的數值愈大愈好，代表獲得更高回報及更低風險。

現在將圖表1.2的數據套入夏普比率：

**圖表1.3 2000年至2022年間恒指的夏普比率**

|  | 恒生指數 | 恒生指數<br>（計入派息） |
| --- | --- | --- |
| 年均回報 | 2.58% | 5.88% |
| 按月波幅 | 6.04% | 6.05% |
| 回報／波幅<br>（夏普比率） | 0.43 | 0.97 |

## ▶ 炒股背後的隱藏成本

然後，我們來比較一下強積金與同期恒生指數的表現。根據積金局資料，由2000年12月1日至2022年12月31日，強積金整體的年均回報為2.85%。由於積金局未公佈該期間的波幅，因此筆者翻查數據，自行計算了強積金的歷史整體波幅，結果如下：

**圖表 1.4 2000 年至 2022 年間恒指及強積金夏普比率**

|  | 恒生指數 | 恒生指數<br>（計入派息） | 強積金整體 |
| --- | --- | --- | --- |
| 年均回報 | 2.58% | 5.88% | 2.85% |
| 按月波幅 | 6.04% | 6.05% | 3.46% |
| 回報／波幅<br>（夏普比率） | 0.43 | 0.97 | 0.82 |

恒生指數（計入派息）的夏普比率為0.97，似乎稍勝強積金整體的0.82。不過，上述計算一直忽略了買賣恒指的開支，但強積金卻是已扣除了開支及收費的淨回報。

## 🕐 ▶ 你的「時間」也是金錢

現今普遍打工仔對強積金完全漠視，連收到月結單也未必會打開來看，管理強積金的時間成本接近零。但對於個人自行投資的股票，打工仔則十分著緊。你每天花多少分鐘看股價圖？我們來計計當中的時間成本。

香港個人入息中位數為每月2萬元，工時中位數為每周45小時，即平均時薪大約（**2萬元 x 12個月 / 52周 / 45小時 =**）103元。假設每交易日花10分鐘來跟進股票投資，查一查股票價位、看一看財經新聞，每月會便用上（**21交易日 x 10分鐘 / 60 =**）3.5小時，即是每月花費了3.5 x 103 = 361元去關注及管理股票投資，一年累計的「自己管理費」便為361元 x 12個月 = 4,332元，佔人均強積金資產36萬元的（4,332 / 360,000 =）1.2%。

此 1.2% 的「自己管理費」與現時強積金管理費用（1.31%）差不多，還未計「自己投資」的父易佣金、釐印及交易稅費、存倉費、代收派息費等各種雜費。而上述收費，已經在強積金基金價格中反映，不需要額外支付。

## 💲▶ 強積金長遠跑贏港股大市

將「自己管理費」加入計算，便能得出「自己炒股 VS 供強積金」的終極對決結果：

**圖表 1.5 2000 年至 2022 年間恒指及強積金表現對比**

|  | 恒生指數 | 恒生指數（計入派息及減去 1.2% 自己管理費） | 強積金整體 |
|---|---|---|---|
| 年均回報 | 2.58% | 4.68% | 2.85% |
| 按月波幅 | 6.04% | 6.05% | 3.46% |
| 回報／波幅（夏普比率） | 0.43 | 0.77 | 0.82 |

過去 22 年來（由 2000 年 12 月 1 日至 2022 年 12 月 31 日），原來恒生指數的夏普比率較同期的強積金整體表現差！換句話說，強積金並非長期蝕，反而跑贏港股大市。自己日日睇股價圖，密密炒股 22 年的回報，竟然比不上長期不聞不問的強積金！所以，大家對強積金的很多負面印象，只是源於認知不足。

## 💲⚙️ ▶ 強積金資產超越投資戶口

「你的強積金戶口結餘多少？」這條看似簡單的問題，卻有很多打工仔都回答不出，因為覺得強積金戶口的錢太少，根本不值得花時間去理。不知道戶口結餘，卻認定當中的資產很少，所以愛理不理，這又是另一個對強積金根深柢固的誤解。

一個更矛盾的現象，是很多有買股票的打工仔，都非常關心股價變動，每隔數小時都要查看一下股價才安心。他們花多少錢去買入股票？很可能是數千至數萬元。但實情是，普遍打工仔的強積金資產價值，已經超越了他們手持的股票價值！

假設你在2000年，強積金成立之時已開始打工，以今天2023年的強制性供款上限（僱主及僱員合共每月供款$3,000）計算，再加上期間的平均回報，強積金戶口的累計結餘平均有87萬元。如果你的打工年資較淺，打工10年的強積金累計結餘接近40萬元。即使你的薪金較低，未達到供款上限，打工5年的強積金累計結餘亦平均超過15萬。

以上的強積金金額，相信與打工仔的投資戶口價值不遑多讓，甚或乎是更多！想像一下，如果有人突然將15萬存入你的投資戶口，相信你一定會很用心「做功課」，選擇優質股票投資，好好善用這筆資金。這個投資炒股的概念，其實正可套用於「炒」強積金。

「炒強積金」不是教大家炒賣投機，而是在了解不同成分基金的特點後，再運用策略作投資部署，提高強積金回報，見標是「靠強積金退休」。

## ▶ 5%——強積金與理想退休的距離

要多少儲蓄才足以退休？視乎每個人的生活水平及年齡。但非常粗略地估算，假設你65歲退休，活到85歲，每個月的生活費為1萬元，就需要（1萬元×12個月×20年＝）240萬。考慮到通漲等其他因素，我們以300萬為目標。

以普遍打工仔的強積金只作強制性供款計算（即僱主和僱員每月供款約月薪10%），得出強積金生命周期圖如下：

**圖表 1.6 強積金的生命周期**

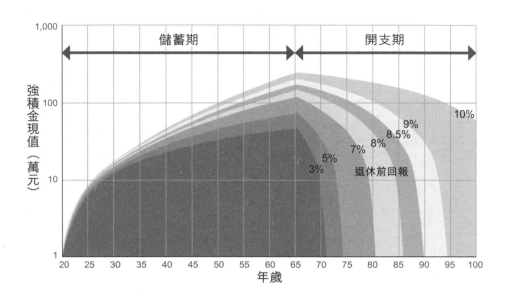

隨著打工仔每月供款，強積金的資產值會連同投資回報上升。我們剛才計算過，強積金的年均回報為2.85%，即是退休後大約7年，強積金便會花光。**不過，如果強積金的回報能夠提升到8%，那麼單靠強積金就用到85歲！**如果強積金的回報達到10%以上，甚至可以「長用長有」，100歲後都花不完。

從2.85%到8%，從現實到理想退休的距離，原來只差5%！

# 1.2 要打出好牌，先整合強積金

相信讀完上一章節，大家的心態都起了變化，從一開始反感，逐漸對強積金另眼相看；想靠強積金退休，又有點猶豫，沒有信心達到年均8%的回報率。

令強積金達至年均8%回報，難嗎？當然要花點心力和功夫。但換個角度想想，既然你長期不理強積金，都能維持2.85%的年均回報，那麼花點心機，學習本書的策略並加以管理，強積金回報定能有所提升！

## ▶ 你手上拿著甚麼牌？

所謂「愈爛的牌愈要俾心機打」，但久久未打理強積金的你，可能連手中有甚麼牌都不知道。所以在學習投資策略前，大家要先做一些前期準備工作。首先，找出自己所有強積金戶口的登入資訊。如果你已經多次轉換工作，擁有一大堆強積金帳戶，可以考慮整合，以便日後管理。如果只有一兩個強積金戶口，就不需要整合，反而要

仔細檢視使用中的基金計劃，看看有否需要轉換。若然對使用中的計劃到滿意，就要進一步檢視自己的資產配置，看看是否適合自己年齡。

* 如果連自己有多少強積金戶口都不知道，又忘記了登入資訊，可以上積金局網站，點選「個人帳戶電子查詢」，查看自己的強積金帳戶分佈，再聯絡計劃職員查詢戶口詳情。

## ▶ 最佳方案：整合至兩至三個計劃

如果你手上有多個強積金帳戶，尤其是多個細額資產帳戶的話，筆者建議你將強積金資產分配到兩至三個計劃中。因為之後教大家的投資策略，有些會因應市況，需要適時轉換強積金。如果每次大市波動，你都要登入十數個帳戶操作，管理上有一定的不便。

有些人會問，那我把所有戶口整合至同一計劃，不是最方便嗎？但要留意，整合強積金帳戶是一條「不歸路」，因為現時的規例只有整合，沒有分拆，一但將資產集中於一個帳戶，就不能分拆開為兩個。而且市場上沒有一個「最好」的強積金計劃，可能某個計劃內的股票基金回報很好，

債券基金回報卻很差；某些計劃收費很便宜，但基金種類的選擇很少；每個計劃都會有其優缺點。

所以，筆者建議將戶口整合至兩至三個計劃中，這樣既可以分散風險，又可靈活遊走於不同計劃，效率與效益兼具。

## ▶ 整合強積金對收費無影響

曾經有不少打工仔問筆者：「整合強積金是否有著數？因為強積金帳戶由多變一，可以節省管理費。」

如筆者剛才建議，整合強積金能方便管理，的確有其好處。不過，整合強積金並不會影響基金收費，管理費不會因而降低。事實上，強積金收費（包括管理費和各種雜費）已經反映在基金價格中。例如某基金單位價格為1元，這「1元」是已經包括了基金收費的價格。如果你一個戶口有100萬元，便能買到100萬基金單位；如果你兩個戶口各有50萬，便能分別買到50萬基金單位。可見，戶口的數量與基金收費並沒有關係。

為吸引新客戶，有些基金公司會提供回贈優惠，例如轉移滿一定數量的強積金資產至該公司，即可獲派發基金單位作獎勵。不過，選擇計劃時，最重要還是考慮基金表現和服務，千萬不要為了拿這些微小的「著數」而做錯抉擇，因小失大。

## ▶「真空期」不可怕，持現金短暫離場

關於整合強積金，筆者還經常被問到另一個問題：「如果整合強積金期間剛好大升市，我豈不是錯過了升幅，兼且買貴貨？」

整合強積金需時大約兩星期，令打工仔擔心在此「投資真空期」期間，不幸地遇上遇上大市急劇波動，引致損失。讓我們看看打工仔Peter的整合例子，了解一下整合過程：

打工仔Peter曾多次轉工，擁有數個強積金戶口。受《打造長勝強積金》一書啟發，決定將計劃A、B兩個舊戶口整合。經過一輪比較(下一章節1.3會教大家如何比較計劃)，他決定將資產轉移至表現較佳的計劃C。

**圖表1.7 整合強積金簡易時序圖**

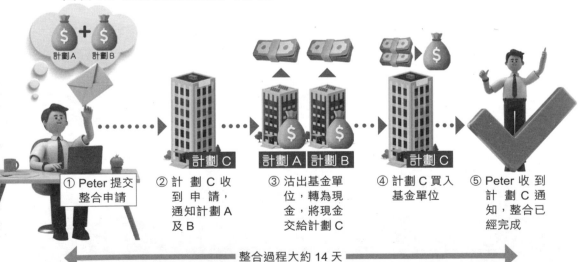

① Peter 提交整合申請　② 計劃 C 收到申請，通知計劃 A 及 B　③ 沽出基金單位，轉為現金，將現金交給計劃 C　④ 計劃 C 買入基金單位　⑤ Peter 收到計劃 C 通知，整合已經完成

整合過程大約 14 天

從時序圖可見，Peter的強積金在時間點 ③ 被沽出為現金，計劃C在時間點 ④ 收到現金後，替Peter買入新計劃的基金單位。現金轉移期間，就是所謂的「真空期」，因為期間Peter並沒有持有成分基金，等於持現金短暫離場。換句話說，真空期內的大市及基金升跌，對Peter的資產沒有直接影響。

如果時間點 ③ 剛好大跌市，Peter的基金單位被以較低價賣出，到時間點 ④ 準備買入新計劃的基金單位時，大市急劇反彈，就會出現所謂的「低賣高買」。相反，如果時間點 ③ 剛好大升市，時間點 ④ 大跌市，便能在賣出時「賺到盡」，然後「掃平貨」。不過，除非運氣極好或極差，否則都不易在短短一兩星期內，碰上曇花一現的大牛市或大熊市。

## 📅 ▶ 8至9月買美股基金有著數

強積金是超長線投資，短時間的升跌對整體資產的影響非常有限。不過，如果不幸「買貴貨」，心情總是會有點難受。難道真空期間的基金價格升跌，只能聽天由命，碰碰彩數嗎？

其實強積金大多投資於股票市場，只要運用適當策略，大市的波幅趨勢還是有跡可循，從而部署整合時機，或者將資產轉移至市況有利的成分基金。詳細技巧，留待第三章再和大家講解，現在先看個簡單例子：

**圖表 1.8　1985年至2022年美股按月平均回報及波幅**

| 月份 | 當月平均回報 | 當月回報的波幅 |
|---|---|---|
| 1 月 | 1.05% | 4.74% |
| 2 月 | 0.62% | 4.27% |
| 3 月 | 1.24% | 4.18% |
| 4 月 | 1.70% | 4.11% |
| 5 月 | 1.45% | **3.60%** |
| 6 月 | 0.18% | **3.60%** |
| 7 月 | 1.52% | 4.05% |
| 8 月 | **−0.10%** | 4.55% |
| 9 月 | **−0.83%** | 4.79% |
| 10 月 | 1.21% | 6.26% |
| 11 月 | 1.92% | 4.39% |
| 12 月 | 1.63% | **3.74%** |

圖表1.8列出 S&P500 指數由1985至2022年，28年間的各月份平均回報及波幅，可見美股於8月及9月的平均回報為負數，而於5、6及12月的波幅較低。計劃整合強積金，又打算將強積金分配至美股基金的打工仔，不妨留意8至9月，有較高機會可以「掃平貨」。如果喜歡平穩，則可選擇波幅較低的5至6月，安心度過真空期。

打造長勝強積金

不過，理論還理論，實際還實際。上述例子針對美股，如果打算轉移至其他類型的基金計劃，便要參看不同數據，並結合香港的實際情況考慮。例如上述跌市或波幅低的月份中，8月及12月為暑假或長假期前後，受託人公司職員或會和普遍打工仔一樣，處於「Holiday mood」，影響辦公積極性及強積金的轉移效率。

## 整合長遠有利，不必過慮「真空期」

以上的解說，旨在替大家破除一些關於整合強積金的迷思。「真空期」的實際影響其實很小，反而及早選定心儀計劃，將強積金整合至兩至三個帳戶，早日運用新計劃、新策略提升資產回報，才是更明智的做法。

一生人有多少次強積金計劃轉移？與其擇日，不如撞日，馬上行動整合強積金。現在很多強積金計劃都接受網上申請，亦可以直接聯絡計劃受託人，他們一般都會派出中介人去處理新客開戶，如果轉移過程中出現問題（多數是資料或簽名不符），也有專人幫忙跟進，加快轉移效率。

# 1.3 找出優質基金「轉會」

上一章節講到整合強積金，大家整合之前，當然要好好比較市面的強積金計劃，揀選最適合自己的兩三種。但強積金計劃五花百門，應該如何著手挑選？本章節會教大家從收費、服務水平、用戶體驗、基金種類入手，初步分析強積金計劃優劣。

但如果你是剛投身社會，或者轉工次數少的打工仔，手上只得一個供款中的強積金戶口，可能覺得事不關己——這個強積金計劃又不是我揀的，入職時HR已經指定了，我根本沒有話事權。計劃好與壞，跟我有關係嗎？

答案是絕對有關！如果覺得舊公司的強積金計劃不好，可以通過整合轉移至自選的心儀計劃，也可以轉移至現職公司的計劃中，一次過管理（但筆者建議分配至兩三個計劃）。相反，如果覺得現職公司的強積金計劃不好，也可以每年一次提取現計劃中的僱員供款的累積資產，轉移至其他自己的心儀計劃，俗稱「強積金半自由行」。

所以，大家要多留意各個強積金計劃的表現及動向，萬一計劃表現不佳，舊計劃（即個人帳戶）隨時可以轉會，現職的僱員供款帳戶則可用盡每年一次的「轉會窗」，把強積金轉移到更理想的計劃。

打工仔覺得強積金很被動，沒有選擇，其實只是自己不夠上心，有很多計劃任你揀！

## ⚖ ▶ 收費貴，不代表回報高！

關於強積金收費，很多人的想法都比較極端。有些人覺得收貴愈便宜愈好，有些則覺得愈貴愈好！因為他們以為計劃收費高，代表基金的回報表現好。其實這兩種想法都是對強積金的誤解。

強積金成分基金的收費架構，與坊間的零售基金有所不同：坊間的基金一般設有首次認購費，用以抵銷宣傳成本，又會有買賣差價，甚至會按回報表現去收取額外費用；但強積金有固定的收費比率上限，且現時已經沒有買賣差價，亦沒有回報表現費用，即是說無論基金回報表現有多出色，都不需支付額外費用給投資經理。同樣道理，即是基金回報大跌，費用亦不會有所扣減。

所以，強積金的收費高低與回報無關。大家可以參考圖表 1.9 的強積金收費排名，查看自己使用中的計劃是平是貴，再結合基金回報，判斷是否物有所值。如果計劃的收費較高，但回報亦相對好，就沒甚麼問題。相反，如果又貴又回報不佳，便應該好好考慮是否需要「轉會」了，

## 圖表 1.9 強積金計劃收費排名

截至 2023 年 2 月 28 日

| 計劃名稱 | 平均基金開支比率（%） |
|---|---|
| 永明強積金綜合計劃 | 1.71 |
| 永明強積金基本計劃 | 1.65 |
| 宏利環球精選（強積金）計劃 | 1.62 |
| 信安強積金—明智之選 | 1.51 |
| 信安強積金—易富之選 | 1.49 |
| 永明強積金集成信託計劃 | 1.44 |
| 中國人壽強積金集成信託計劃 | 1.43 |
| 永明彩虹強積金計劃 | 1.41 |
| 友邦強積金優選計劃 | 1.39 |
| 萬全強制性公積金計劃 | 1.38 |
| 中銀保誠簡易強積金計劃 | 1.37 |
| 信安強積金計劃 800 系列 | 1.35 |
| 交通銀行愉盈退休強積金計劃 | 1.30 |
| 海通 MPF 退休金 | 1.29 |
| 富達退休集成信託 | 1.28 |
| 東亞（強積金）集成信託計劃 | 1.24 |
| BCT（強積金）行業計劃 | 1.19 |
| BCT 積金之選 | 1.19 |
| 宏利退休精選（強積金）計劃 | 1.13 |
| AMTD 強積金計劃 | 1.10 |
| 景順強積金策略計劃 | 1.13 |
| 恒生強積金智選計劃 | 1.07 |
| 滙豐強積金智選計劃 | 1.06 |
| 東亞（強積金）行業計劃 | 1.00 |
| 我的強積金計劃（中銀保誠） | 0.91 |
| 新地強積金僱主營辦計劃 | 0.88 |
| 東亞（強積金）享惠計劃 | 0.81 |

## ▶ 今時今日，強積金的服務態度

「轉會」與否，強積金的收費與回報固然是重要考量，但受託人的服務水平亦不容忽然。試想想，如果某計劃收費很便宜，但轉換基金的效率極低，詢問客服又「十問九唔應」，這樣的計劃是否值得使用？

「服務水平」的涵蓋內容十分廣泛，泛指索取計劃資訊的簡易度、聯絡客服或職員的各種渠道，與及處理指令的快捷度等。有些計劃承諾在收到新帳戶申請後的三天內完成處理，但有些只能承諾七天內完成；又例如有些計劃容許網上交表，有些只能親身辦理；有些電話熱線服務時間較長，較易找到專人解答查詢等。打工仔在挑選心儀計劃之時，應該仔細了解計劃的服務水平，是否能提供自己需要的支援。

想詳細了解各計劃的服務內容，可參看積金局網站「受託人服務比較平台」：

https://tscplatform.mpfa.org.hk/scp/tch/index.jsp

## 📱▶ 手機瀏覽，影響用戶體驗的關鍵

當然，服務水平的好與壞十分主觀，有些人喜歡專人面對面親身服務，那麼擁有保險業背景的受託人就較符合要求；如果喜歡辦事處多、地點方便，那麼擁有銀行業背景的受託人會較適合，通常於銀行分行都會設有強積金服務櫃位。

不過，有一點筆者認為相對重要，就是強積金計劃的網上支援，特別是「mobile friendly」配套，畢竟現今很多打工仔都習慣「機不離手」，大量事務都靠手機網上完成，所以計劃的網上服務水平變得非常重要。試想想，假如你想查看強積金上月表現，但忘記了登入帳號，不停「忘記密碼」都沒反應，在網頁找來找去都找不到聯絡客服的方法……如此服務水平，相信沒有打工仔喜歡。

所以，強積金計劃的網站是否有用心為手機瀏覽提供優化 (mobile friendly)，介面是否清晰易用，對用戶體驗有極大影響。筆者建議打工仔若對某些計劃感興趣，不妨用手機瀏覽一下計劃網站，又或者下載計劃的手機 APP，體驗一下操作是否流暢。

## 🍜 ▶ 車仔麵揀餸，選擇要夠多元化

揀強積金就像食車仔麵，要有靚麵底、價錢合理、服務優質，搭配的餸還要種類多。這裡的「種類多」，不是單指數量，而是強積金計劃內，成分基金的覆蓋範圍要夠廣。有些強積金計劃提供超過30隻成分基金任揀，但要留意這些成分基金是否屬於同一類別。就如車仔麵有30款餸任揀，仔細一看全部都是魚蛋，根本沒有你想吃的餸！30隻基金全部都是港股基金，當港股大跌就無處避險。又或者你十分睇好美股，認為美股是世界經濟火車頭，但成分基金卻一隻美股基金都沒有，這計劃可能一開始己不適合你。所以轉換強積金計劃前，必須先了解組合提供的成分基金類別。

**圖表 1.10 強積金計劃的成分基金數量及覆蓋率**

截至 2023 年 2 月

| 計劃名稱 / 成分基金數量 | 成分基金數量 | 計劃幅蓋率 |
|---|---|---|
| 宏利環球精選（強積金）計劃 | 29 | **86%** |
| BCT 積金之選 | 27 | 76% |
| 東亞（強積金）集成信託計劃 | 18 | 76% |
| 信安強積金計劃 800 系列 | 19 | 76% |
| 友邦強積金優選計劃 | 23 | 71% |
| 中銀保誠簡易強積金計劃 | 16 | 71% |
| 富達退休集成信託 | 22 | 62% |
| 恒生強積金智選計劃 | 20 | 62% |
| 匯豐強積金智選計劃 | 20 | 62% |
| 我的強積金計劃（中銀保誠） | 14 | 62% |
| 信安強積金 - 明智之選 | 15 | 62% |
| 永明彩虹強積金計劃 | 14 | 62% |
| 萬全強制性公積金計劃 | 14 | 57% |
| 永明強積金集成信託計劃 | 13 | 57% |
| AMTD 強積金計劃 | 16 | 52% |
| 永明強積金綜合計劃 | 12 | 52% |
| 交通銀行愉盈退休強積金計劃 | 13 | 48% |
| BCT（強積金）行業計劃 | 12 | 48% |
| 東亞（強積金）行業計劃 | 12 | 48% |
| 東亞（強積金）享惠計劃 | 12 | 48% |
| 景順強積金策略計劃 | 12 | 48% |
| 宏利退休精選（強積金）計劃 | 13 | 48% |
| 中國人壽強積金集成信託計劃 | 10 | 43% |
| 信安強積金 - 易富之選 | 10 | 43% |
| 永明強積金基本計劃 | 9 | 38% |
| 新地強積金僱主營辦計劃 | 10 | 29% |
| 海通 MPF 退休金 | 7 | 24% |

從圖表1.10可見，有些計劃的成分基金數量相同，覆蓋率卻有分別。覆蓋率是否越高越好？通常是的，因為代表計劃提供的成分基金種類更全面。想因應市況調配資產，也較大機會找到合適的基金類型。

## 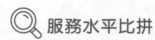 ▶ 強積金計劃大比拼

如果有意轉會，但又心大心細不知該選哪個強積金計劃，可以參考以下筆者整理的計劃表現參考，初步了解一下各計劃的特點。

### 服務水平比拼

**圖表1.11　登記、轉移及提取強積金計劃簡易度比較**

| 名次 | 登記參加強積金計劃 | 轉移強積金權益 | 提取強積金權益 |
|:---:|:---:|:---:|:---:|
| 1 | 宏利環球精選（強積金）計劃 | 富達退休集成信託 | 友邦強積金優選計劃 |
| 2 | 恒生強積金智選計劃 | 安聯強積金計劃 | 富達退休集成信託 |
| 3 | 滙豐強積金智選計劃 | 中銀保誠簡易強積金計劃 | 安聯強積金計劃 |
| 4 | 東亞（強積金）行業計劃 | 我的強積金計劃（中銀保誠） | AMTD 強積金計劃 |
| 5 | 永明彩虹強積金計劃 | 中國人壽強積金集成信託計劃 | BCT（強積金）行業計劃 |
| 6 | BCT（強積金）行業計劃 | 景順強積金策略計劃 | BCT 積金之選 |

| 名次 | 登記參加強積金計劃 | 轉移強積金權益 | 提取強積金權益 |
|---|---|---|---|
| 7 | 友邦強積金優選計劃 | 交通銀行愉盈退休強積金計劃 | 景順強積金策略計劃 |
| 8 | 信安強積金計劃800 系列 | 宏利環球精選（強積金）計劃 | 交通銀行愉盈退休強積金計劃 |
| 9 | 富達退休集成信託 | 信安強積金計劃800 系列 | 海通 MPF 退休金 |
| 10 | 東亞（強積金）集成信託計劃 | 海通 MPF 退休金 | 永明強積金集成信託計劃 |
| 11 | 東亞（強積金）享惠計劃 | BCT（強積金）行業計劃 | 宏利環球精選（強積金）計劃 |
| 12 | BCT 積金之選 | BCT 積金之選 | 信安強積金—易富之選 |
| 13 | 信安強積金—易富之選 | 萬全強制性公積金計劃 | 信安強積金—明智之選 |
| 14 | 信安強積金—明智之選 | 友邦強積金優選計劃 | 信安強積金計劃800 系列 |
| 15 | 安聯強積金計劃 | AMTD 強積金計劃 | 新地強積金僱主營辦計劃 |
| 16 | 景順強積金策略計劃 | 東亞（強積金）行業計劃 | 東亞（強積金）行業計劃 |
| 17 | 中國人壽強積金集成信託計劃 | 東亞（強積金）集成信託計劃 | 東亞（強積金）集成信託計劃 |
| 18 | 永明強積金集成信託計劃 | 東亞（強積金）享惠計劃 | 東亞（強積金）享惠計劃 |
| 19 | AMTD 強積金計劃 | 永明強積金集成信託計劃 | 中銀保誠簡易強積金計劃 |

| 名次 | 登記參加強積金計劃 | 轉移強積金權益 | 提取強積金權益 |
|---|---|---|---|
| 20 | 新地強積金<br>僱主營辦計劃 | 新地強積金<br>僱主營辦計劃 | 我的強積金計劃（中<br>銀保誠） |
| 21 | 永明強積金<br>基本計劃 | 信安強積金<br>一易富之選 | 恒生強積金<br>智選計劃 |
| 22 | 交通銀行愉盈<br>退休強積金計劃 | 信安強積金<br>一明智之選 | 滙豐強積金<br>智選計劃 |
| 23 | 中銀保誠簡易<br>強積金計劃 | 永明彩虹<br>強積金計劃 | 永明彩虹<br>強積金計劃 |
| 24 | 我的強積金計劃<br>（中銀保誠） | 恒生強積金<br>智選計劃 | 萬全強制性<br>公積金計劃 |
| 25 | 永明強積金<br>綜合計劃 | 滙豐強積金<br>智選計劃 | 中國人壽<br>強積金集成信託計劃 |
| 26 | 萬全強制性<br>公積金計劃 | 永明強積金<br>基本計劃 | 永明強積金<br>基本計劃 |
| 27 | 海通 MPF 退休金 | 永明強積金<br>綜合計劃 | 永明強積金<br>綜合計劃 |

圖表 1.11 是強積金開戶、轉會或提取的方便程度比較。先説開戶，排名愈高，表示開戶愈簡單，例如設有更多辦事處及有更多專人跟進開戶等，又或者網上開戶的支援較完善。不過，由於開戶是只一次性手續，因此開戶的簡易度，對整體的客戶體驗影響不算太大。至於轉會或提取強積金，排名愈高，表示計劃處理轉會或提取強積金的需時較短。但由於轉會或提取強積金都不會經常進行，因此在

選擇強積金計劃時，以上三項因素只適宜視作參考，不應作為揀選計劃的主因。但如果是65歲以上的退休人士，需要分期提取強積金的話，提取強積金的快捷度就顯得相對重要些，亦有些計劃對分期提取強積金的次數有限制，或者超出一定次數就要收手續費等。

**圖表 1.12 處理強積金供款及更改投資分配效率比較**

| 名次 | 處理強積金供款 | 更改投資分配 |
|---|---|---|
| 1 | 東亞（強積金）行業計劃 | 景順強積金策略計劃 |
| 2 | 東亞（強積金）集成信託計劃 | 富達退休集成信託 |
| 3 | 東亞（強積金）享惠計劃 | 宏利環球精選（強積金）計劃 |
| 4 | 中國人壽強積金集成信託計劃 | 交通銀行愉盈退休強積金計劃 |
| 5 | 宏利環球精選（強積金）計劃 | 友邦強積金優選計劃 |
| 6 | 富達退休集成信託 | 我的強積金計劃（中銀保誠） |
| 7 | 萬全強制性公積金計劃 | 信安強積金計劃 800 系列 |
| 8 | BCT（強積金）行業計劃 | 新地強積金僱主營辦計劃 |
| 9 | BCT 積金之選 | 東亞（強積金）行業計劃 |
| 10 | 信安強積金計劃 800 系列 | 中銀保誠簡易強積金計劃 |
| 11 | 友邦強積金優選計劃 | 永明彩虹強積金計劃 |
| 12 | 恒生強積金智選計劃 | BCT 積金之選 |
| 13 | 滙豐強積金智選計劃 | 東亞（強積金）集成信託計劃 |
| 14 | 中銀保誠簡易強積金計劃 | 東亞（強積金）享惠計劃 |

| 名次 | 處理強積金供款 | 更改投資分配 |
|---|---|---|
| 15 | 我的強積金計劃（中銀保誠） | 海通 MPF 退休金 |
| 16 | 交通銀行愉盈退休強積金計劃 | BCT（強積金）行業計劃 |
| 17 | 景順強積金策略計劃 | 安聯強積金計劃 |
| 18 | 安聯強積金計劃 | 信安強積金—易富之選 |
| 19 | 海通 MPF 退休金 | 信安強積金—明智之選 |
| 20 | AMTD 強積金計劃 | 恒生強積金智選計劃 |
| 21 | 信安強積金—易富之選 | 滙豐強積金智選計劃 |
| 22 | 信安強積金—明智之選 | 永明強積金集成信託計劃 |
| 23 | 永明彩虹強積金計劃 | 永明強積金基本計劃 |
| 24 | 永明強積金基本計劃 | 永明強積金綜合計劃 |
| 25 | 永明強積金綜合計劃 | AMTD 強積金計劃 |
| 26 | 新地強積金僱主營辦計劃 | 中國人壽強積金集成信託計劃 |
| 27 | 永明強積金集成信託計劃 | 萬全強制性公積金計劃 |

比起剛才提及的開戶、轉會及提取強積金，處理強積金供款及更改投資分配是更為重要的考慮因素，因為管理強積金將會是我們每月的日常操作。排名愈高，表示計劃處理供款愈快，通常它們的網站更新基金價格資訊效率也較高。此外，如果打工仔打算開設自願性供款戶口，就要留意計劃的供款方式，某些計劃支援的供款方式較少，例如不接受直接轉帳，大家開戶前要先了解清楚計劃的供款方式是否適合自己長期操作。

## 客戶服務水準比拼

**圖表 1.13　強積金計劃客戶服務水平比較**

| 名次 | 計劃名稱 | 名次 | 計劃名稱 |
|---|---|---|---|
| 1 | 友邦強積金優選計劃 | 14 | 永明彩虹強積金計劃 |
| 2 | 宏利環球精選（強積金）計劃 | 15 | 東亞（強積金）行業計劃 |
| 3 | BCT 積金之選 | 16 | 滙豐強積金智選計劃 |
| 4 | BCT（強積金）行業計劃 | 17 | 信安強積金—易富之選 |
| 5 | 中銀保誠簡易強積金計劃 | 18 | 信安強積金—明智之選 |
| 6 | 我的強積金計劃（中銀保誠） | 19 | 恒生強積金智選計劃 |
| 7 | 富達退休集成信託 | 20 | 萬全強制性公積金計劃 |
| 8 | 信安強積金計劃 800 系列 | 21 | 景順強積金策略計劃 |
| 9 | 中國人壽強積金集成信託計劃 | 22 | 交通銀行愉盈退休強積金計劃 |
| 10 | 海通 MPF 退休金 | 23 | 新地強積金僱主營辦計劃 |
| 11 | 安聯強積金計劃 | 24 | 永明強積金基本計劃 |
| 12 | 東亞（強積金）集成信託計劃 | 25 | 永明強積金綜合計劃 |
| 13 | 東亞（強積金）享惠計劃 | 26 | AMTD 強積金計劃 |
| | | 27 | 永明強積金集成信託計劃 |

另一個最重要的考慮因素，就是客戶服務水平，假如在處理基金指示時遇到問題，當然想第一時間找到專人解答。排名愈高，表示計劃的客戶服務支援更全面及更有效率，例如服務時間較長、支援渠道較多、較易找到專人跟進等。

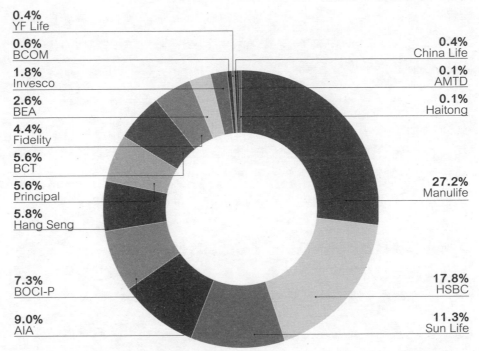

## 市佔率比拼

### 圖表 1.14 強積金計劃市佔率比較

截至 2023 年 3 月 31 日

**0.4%** YF Life
**0.6%** BCOM
**1.8%** Invesco
**2.6%** BEA
**4.4%** Fidelity
**5.6%** BCT
**5.6%** Principal
**5.8%** Hang Seng
**7.3%** BOCI-P
**9.0%** AIA

**0.4%** China Life
**0.1%** AMTD
**0.1%** Haitong
**27.2%** Manulife
**17.8%** HSBC
**11.3%** Sun Life

如果是選 ETF，一般而言選大型基金較佳，因為大型基金通常提供更多基金類型供選擇。不過，在強積金卻不一定，市佔率較高的計劃提供的基金種類並不一定最多，表現也不一定最好。

## ▶ 年輕應該勇，年長何妨縮

每個人的「心水」配料都不一樣，喜歡的基金的亦各有不同。但有一點筆者要提醒大家，揀選成分基金時，不能只按照自己的喜好，還要考慮自己的年齡。年輕時甚麼都可以吃，年紀大了，便要因應身體狀況戒戒口。即使你再喜歡美股，都不應該由18歲到60歲，永遠把強積金全部投放至美股基金。

為何很多打工仔退休後發覺強積金不夠用，很大程度是源於是錯誤配置強積金資產。以往有調查顯示，強積金內的年輕打工仔的資產配置往往過於保守，簡直是「未老先衰」，錯失很多為資產增值的機會。年輕時強積金資產少，距離退休年紀還很遙遠，理論上應該更加進取，即是把多數資產放在高風險的基金類別，例如股票基金，加速滾存資本。相反，較年長的一群卻不懂得退下前線！臨近退休人士應該將更多的資產調配至比較低風險的基金類別，例如債券基金、保證基金和貨幣市場基金，避免在退休前突然遇上大熊市、經濟下滑等衝擊，盡力保護畢生積來的血汗錢。

如果發現自己的基金組合亦出現以上錯配，想重新調配資產，可能會遇上更多疑問——我應該選「保守」基金還是「保證」基金？「保證」基金到底是保證些甚麼？是否一定不會蝕？為什麼「混合資產基金」有不同類別？當中是在「混合」些甚麼？成分基金的名稱可以十分玄妙，有關強積金名稱與類型的大哉問，在接下來的第二章揭曉。

chapter 2

# 重頭認識強積金

# 2.1 五花百門強積金

讀完第一章，相信大家對強積金的觀念已經完全改寫，亦「的起心肝」整合了強積金，想盡快令「靠強積金退休」的美夢成真。不過財不入急門，必須先求知，再投資，了解一些關於強積金的必備知識。畢竟大家在閱讀本書之前，都習慣了長期不理強積金，本章要先為大家補補課，下一章學習投資策略時，才會事半功倍。

如果你的反應是「強積金咁簡單！有甚麼好學？直接教我策略吧！」那就請回答以下問題：

- 送分題：強積金的成分基金，一共有幾多種？

- 美國聯儲局每加息一厘，美元債券基金會下跌幾多？

- 假設你今早發現港股有升市跡象，趁午飯時間落盤更改強積金投資指示，全部買入港股基金！之後下午大市真的急升10%，這樣可以賺到10%的回報嗎？

如果你對答案不是百分百肯定，甚至連送分題都答不出，就請坐定定閱讀本章，重頭認識強積金。

先來解答送分題。強積金的成分基金內有不同的投資物，例如股票、債券以及一些近似現金的存款證。這些投資物經過綜合後變成股票基金、債券基金和貨幣市場基金等三大類，再加上混合資產基金及保證基金，就成為了強積金的五類基金。

## ▶ 股票基金——進取之選

股票基金是打工仔最熟悉的基金類別。如果你的強積金組合中亦包括股票基金，是否清楚該基金屬於主動型基金，還是被動式指數基金？
主動型基金由基金經理主動操盤，而指數基金則根據特定股市指數表現進行跟蹤。

由於主動型基金由基金經理進行分析和選

股，買賣會較頻密，開支比較多，因此收費相對較高；而被動型基金通常是直接購買市面上已有的ETF（需獲積金局註冊為核准緊貼指數集體投資計劃的ETF），操作相對簡單，所以收費亦較低。表現方面，當市況不好，被動型指數基金通常會跟隨大市下跌；主動型基金的基金經理則有更大的操作空間，可以將資產轉移到一些比較保守的投資物中，以規避風險及減少損失。而當升市時，主動型基金經理往往捕捉不到風頭最好的股票，加上收費高，這時被動型基金反而會跑出。

如何得知計劃內的股票基金，屬於主動型還是被動型？可以先從基金的名稱入手，有些指數型基金會在名稱上提及所跟蹤的指數，例如「恒指基金」、「北美指數追蹤基金」、「亞太股票追蹤指數基金」等。不過，也有有些基金沒有在名稱反映所跟蹤的指數或股票。因此，不要只做標題黨，最準確的方法是進一步閱讀強積金基金便覽的內容，以了解該基金的投資特性。

## 配置資產前，看清基金便覽

在基金便覽中，要留意哪些資訊，又如何判斷該基金是否適合自己？以下用「銀聯信託BCT積金之選計劃」的「BCT大中華股票基金」基金便覽為例：

## 圖表 2.1 「BCT 大中華股票基金」基金便覽

這隻基金的名稱是「BCT大中華股票」，顧名思義就是投資於大中華地區的股票，但到底是主動型還是被動型基金？投資的地區比例如何？這些資訊都可以從便覽中找到。從標示❶可見，基金投資於核准緊貼指數集體投資計劃，亦即是直接買ETF。

然後，從標示❷可見，基金開支比率為1.15%，對比第一章的圖表1.9，BCT積金之選計劃的收費平均為1.19%，即是這隻BCT大中

華股票基金的收費於計劃內算是中等水平，畢竟被動型基金的收費一般不會太高。

接著從標示❸的投資組合分布得知，該計劃以投資中國股票為主，佔資產的59.5%，第二大地區台灣佔21.5%，香港則佔18.5%。

雖然中國地區佔投資組合最高，但從標示❹處可見，若只看個別股票，十大資產佔比最高的是台積電8.3%，之後是騰訊及阿里巴巴。

至於基金是否適合自己，打工仔就要考慮一下自己的投資偏好。如果想投資被動型基金，及同時投資中港台三地股票，便可以考慮上述基金。但組合中佔比最高的股票都屬於資訊科技或金融類，如果自己不看好以上行業，配置前便要想清楚。另外，基金的風險為「高」，大家部署時亦要顧及自己的風險承受能力。在五類基金中，股票基金的波動相對大，但市況好時，回報亦可以很高，適合進取的打工仔。

\* 想知道計劃具體是投資哪些ETF，可以翻查計劃的周年綜合報告（在積金局網站的「**資訊中心**」點選「**公開紀錄冊**」，然後選「**註冊強積金計劃及成分基金及強積金計劃文件資料庫**」，揀選相關基金）。報告指出，「**BCT 大中華股票**」主要投資於*SPDR 富時大中華交易所買賣基金*，與及*香港盈富基金*這兩隻ETF。如果你本身已自行投資這兩隻ETF，便要考慮資產過於集中的風險。

# 💵 ▶ 債券基金──穩定收息之選

比起股票，打工仔投資債券的經驗相對較少，所以先簡單和大家解釋一下債券的概念。債券是由政府或企業發行的一種債務工具，假設Ａ公司發行債券，打工仔購買債券，等於借錢給Ａ公司。Ａ公司需要在債券的有效期內按時向打工仔支付利息，並在到期時償還本金。如果大家買過股票，都知道股息並不是一定有，派息多少也要視乎公司盈利，但購買債券，就可以收到固定利息。

債券基金是相對低風險的基金類型，因為比起股票的大起大跌，債券的價格變化較小，但由於債券的價格受利率影響，所以當市場大幅加息或減息，便會引致債券基金價格波動。此外，也有發行機構或者借貸公司違約的風險，不過強積金債券基金以美國國債，或以美元計價的優質企業債券為主，既減低信用風險，亦因為美元與港元掛鈎，降低了匯率差異對債券基金價格的影響。

美債以外，也有些債券基金是投資於人民幣債券或其他亞洲地區債券，但近年美元加息，使美元相對其他貨幣更為強勢，歐元、日元和人民幣等貨幣兌美元價格下跌，有機會因兌換率而導致虧損。幸運的是，強積金條例中規定，基金經理必須將成分基金的大部分資產進行匯價對沖，減少匯率波動對基金價格的影響。

## 富達債券基金——資訊披露最詳盡

和選擇股票基金一樣，大家選擇債券基金時，同樣應該先看清基金便覽上的資訊，了解一下基金是否適合自己。在債券基金這個類別，筆者認為富達強積金計劃的基金便覽在資訊披露方面做得最為完善，為全行最佳。

**圖表2.2　「富達國際債券基金」基金便覽**

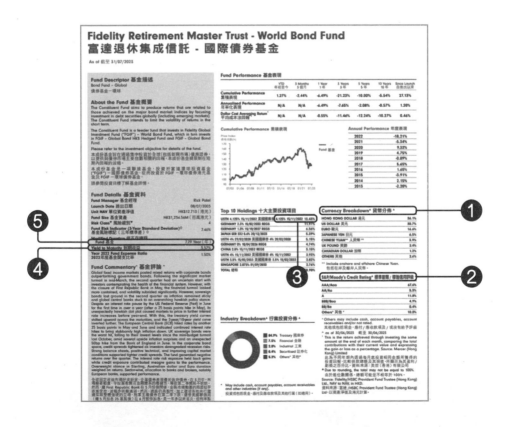

首先，標示 ❶ 詳細列出基金所持有債券的貨幣分佈，方便投資者分析匯率對貨幣的影響。

第二個優勝之處，就是標示 ❷ 的債券評級。因為通常債券在推出市場買賣之前，都會被評級公司作出信貸評級，高評級的債券比較穩陣，較少違約。

其他重要資訊，包括標示 ❸ 票面息率（Coupon rate），即債券發行時承諾的每期息率。標示 ❹ 到期收益（Yield to maturity）則是債券持有人在買入債券時，所支付的價格加上票面息率後，債券到期時的最終收益。

最後是標示 ❺ 的存續期（Duration）。還記得本章開首考大家的第二條問題嗎？美國聯儲局每加息一厘，美元債券基金的跌幅是多少？答案就顯示於該基金的存續期。以圖表2.2的富達國際債券基金為例，市場每加息1%，該債券基金的價格便會下跌7.29%；相反，如果外界市場利率每降1%，基金價格便會上升7.29%。

目前強積金局並沒有強制要求強積金受託人為債券基金提供票面息率、到期收益和存續期等資訊，因而絕大多數計劃的基金便覽都沒有主動提供上述資料。

這亦是為何筆者說富達強積金的債券基金資訊披露最完善，十分值得嘉許及應為同業所仿傚。萬一打工仔對某債券基金有興趣，但基金便覽內沒有提供存續期等資訊，亦應該自行查找資料，或者聯絡基金職員了解詳情。選擇債券基金時，要先分析利率升跌、匯率變動等因素。

## ◎⬚ ▶ 貨幣市場基金 ──保守之選

比起債券基金，貨幣市場基金還更低風險一些，亦是跌市時停泊資金避險的好選擇。貨幣市場基金非常類似於銀行存款，但比銀行儲蓄帳戶有較高回報，因為銀碼大可以向銀行爭取較高息率。貨幣市場基金只能購買一些存款證或短期債券，到期日短的限制，正是為了降低風險而設。

其中一種貨幣市場基金稱為「保守基金」，是風險最低的類型（但亦非保本），也是強積金計劃中一個非常特殊的存在。法例要求每個強積金計劃都必須提供保守基金，而且保守基金的回報必須在扣除收費後，不低於訂明的儲蓄利率。在利率較低的時期，要保持保守基金的回報高於或等於訂明儲蓄利率，基金經理便不能收取全額費用，即是「不賺錢不收費」。

# 混合資產基金 ——懶人之選

很多經濟及投資理論，都會叫大家分散風險，不要把所有雞蛋放進一個籃子。混合資產基金的原理也相同，基金的投資物通常混合了股票和債券，分散了個別市場動盪，對強積金資產造成的影響。一些打工仔在填寫公司人事部派發的強積金配置表格時，會對眼花撩亂的基金選擇感到頭痛，那麼混合資產基金便是一個簡單快捷的選項。

由於結合了股票和債券，混合資產基金的風險介乎股票基金和債券基金之間。當中股票的成分愈高，風險便相對較高，很多計劃中都會出現「進取基金」或「增長基金」等名稱，其實就是股票比例較高的混合資產基金。

也有些成分基金，會直接在名稱中顯示股債比例。以「BCT積金之選計劃」為例，它旗下有一系列的混合資產基金，名稱分別為「BCT E90 混合資產基金」、「BCT E70 混合資產基金」、「BCT E50 混合資產基金」及「BCT E30 混合資產基金」。E90 的「E」指「Equity」，即是股票，表示該混合資產基金持有90%股票，餘下的10%便是債券及少量現金。所以，在四隻混合資產基金中，E90 相對最為進取，E30 則最為保守。

## 預設投資策略／目標日期基金──懶人再進化

雖然混合資產基金免除了打工仔入職時，左揀右揀強積金的麻煩，但仍未能解決打工仔在不同年輕階段的資產錯配，假如入職時選擇了股票比例較高的增長基金，之後便懶得打理，直到退休前資產將一直承受較高風險。幸好積金局近年來積極推動強積金改革，推出了「預設投資策略」，而一些強積金計劃亦有提供「目標日期基金」（或稱「目標年期基金」），可說是懶人恩物。

強積金法例規定，所有強積金計劃都必須包括「核心累積基金」和「65歲後基金」這兩隻預設投資策略基金，它們都有特定的投資比例，核心累積基金需要的股債比例為60％：40％，65歲後基金的股債比例為20％：80％，兩者都主要投資於環球股債市場。如果打工仔選用「預設投資策略」，在50歲前，所有強積金資產將被配置在核心累積基金，並由50至64歲期間自動逐步減持，最終全部轉投65歲後基金。如此一來，就打工仔的強積金就能隨年齡降低風險。

「目標日期基金」的原理也差不多，不過不是直接和年齡掛勾，而是打工仔可以選定一個計劃退休的年份，例如「BCT 儲蓄易 2050 基金」，便是為計劃2050年退休的打工仔而設。目標日期基金的靈活之處，是即使你20歲，希望40歲就退休，也可以選擇20年後到期的目標日期基金。不過要留意，當目標日期基金到期，基金內的資產會自動轉入同計劃內的其他指定基金，例如「BCT積金之選」會在結束後，將資產轉入「BCT 靈活混合資產基金」。

　　截至2023年9月，目前只有以下四個計劃提供目標年期基金：

| |
|---|
| • AMTD 強積金計劃 |
| • 富達退休集成信託 |
| • BCT 積金之選 |
| • 宏利環球精選（強積金）計劃 |

如果怕自己無法持之以恒管理強積金，目標日期基金或預設投資策略會是不錯的選擇！另一個好消息，是預設投資策略成分基金的收費設有封頂，最高為0.95%，上限還有機會在未來數年進一步下調。

## ▶ 保證基金——臨近退休之選

大家應該記得，剛才介紹的五大強積金類別之中，有一類風險相對最低的名為保證基金。那麼，保證基金又是保證甚麼的呢？保證基金實際上是十分特別的存在，因為只要滿足保證條款，打工仔就可以享有計劃提供的保證回報，保證回報通常大於零。

以保證回報1%為例，如果某年股市大跌，保證基金價格下跌20%，但打工仔履行了保證回報的條款，便可以獲得保證回報，即是該年的資產收益會由-20%虧損扭轉為+1%正回報。所以，於跌市時不要只看保證基金的基金價格變化，反而要留意保證回報率，因為跌市正是保證基金發揮其優勢的時段。相反，如果當年股市大升，保證基金價格上升20%，高於保證回報，打工仔該年的保證基金收益仍會是+20%。

## 圖表2.4　強積金保證基金及平均回報

截至 2023 年 02 月 28 日

| 計劃 | 成分基金 | 年率化回報<br>—推出至今<br>（% p.a.） |
|---|---|---|
| 永明強積金集成信託計劃 | 施羅德強積金<br>本金保證投資組合 — 乙類單位 | 2.54 |
| 信安強積金—明智之選 | 信安保證基金 | 2.37 |
| 永明強積金基本計劃 | 永明強積金基本計劃<br>本金保證投資組合 | 2.37 |
| 永明強積金集成信託計劃 | 施羅德強積金<br>本金保證投資組合 — 普通單位 | 2.26 |
| 永明強積金綜合計劃 | 永明強積金綜合計劃<br>本金保證投資組合 | 2.23 |
| 中國人壽強積金集成信託計劃 | 中國人壽樂安心保證基金 | 1.97 |
| 宏利環球精選（強積金）計劃 | 宏利 MPF 穩健基金 | 1.69 |
| 友邦強積金優選計劃 | 保證組合 | 1.37 |
| 交通銀行愉盈退休強積金計劃 | 交通銀行保證回報成分基金 | 1.18 |
| 東亞（強積金）集成信託計劃 | 東亞（強積金）保證基金 | 1.02 |
| 信安強積金計劃 800 系列 | 信安長線保證基金 — D 類單位 | 0.96 |
| 景順強積金策略計劃 | 回報保證基金 —單位類別 G | 0.78 |
| 信安強積金計劃 800 系列 | 信安資本保證基金 — D 類單位 | 0.74 |
| 新地強積金僱主營辦計劃 | 宏利在職平均回報<br>保證基金 — 新地 | 0.74 |
| 信安強積金計劃 800 系列 | 信安資本保證基金 — I 類單位 | 0.70 |
| 信安強積金計劃 800 系列 | 信安長線保證基金 — I 類單位 | 0.68 |
| 宏利環球精選（強積金）計劃 | 宏利 MPF 利息基金 | 0.63 |
| 萬全強制性公積金計劃 | 保證基金 | -0.04 |
| 恒生強積金智選計劃 | 保證基金 | -0.10 |
| 滙豐強積金智選計劃 | 保證基金 | -0.10 |

圖表2.4列出了截至2023年2月的所有保證基金,當中可見表現最好的計劃平均基金價格回報率為2.5%,與現時市場上最好的保證回報率差不多。而當中一些基金出現負回報,例如「萬全強制性公積金計劃」的基金價格回報率為-0.04%,但如果打工仔滿足了保證條款,便可以獲得2.5%甚至更多的保證回報率,高於基金價格回報。不過,通常保證條款也較為苛刻,例如要求在鎖定期不能轉移或提取強積金,甚至在65歲以前都不能轉移基金。一些保證條款相對寬鬆的保證基金,通常回報也較低,例如「宏利環球精選(強積金)計劃」的利息基金,備有本金保證,並提供相等於或高於積金局所公佈的訂明儲蓄利率計算的利息。該計劃於2023年3月的保證年利率為0.625%,等同儲蓄利率。

總括而言,保證基金非常適合臨近退休人士,因為他們通常能符合保證條件,亦可藉保證回報來減低基金價格風險。對保證基金有興趣的打工仔,事前務必要了解清楚保證條款,如果嫌基金文件太多字太文縐縐,可以直接致電計劃熱線問個明白。

## ▶ 七級風險配對

介紹完五類成分基金，相信大家都對各類型的特點有了概念，例如股票基金比較進取，貨幣市場基金比較保守。但有沒有更具體的方法，可以將風險量化？其實是有的。自2020年起，積金局為強積金加入了「風險級別」制度，用以客觀衡量基金風險。

「風險級別」分為7級，以7為最高風險。分級方法是計算成分基金在過往3年的回報變化與其平均回報的差異，亦即波幅，積金局稱之為「風險標記」。簡單來說，期望與實際回報的落差愈大，風險就愈高。以下圖表2.5列出各風險級別對應的風險標記範圍，以及通常包括的基金類型。

**圖表2.5　基金風險標記範圍對應的風險級別**

| 風險級別 | 基金風險標記 | |
| --- | --- | --- |
| | 相等或以上 | 少於 |
| 1 | 0.0% | 0.5% |
| 2 | 0.5% | 2.0% |
| 3 | 2.0% | 5.0% |
| 4 | 5.0% | 10.0% |
| 5 | 10.0% | 15.0% |
| 6 | 15.0% | 25.0% |
| 7 | 25.0% | |

筆者使用統計學方法，預測股災期間各風險級別基金的單年最大跌幅，以及根據基金的過往表現，計算出預期回報，整理成以下圖表2.6，各級別通常包括甚麼基金類型，大家亦可一目了然。

**圖表2.6　預測各風險級別強積金的最大跌幅及年均回報**

| 風險級別 | 預期大跌市期間跌幅 | 預期長期年均回報 | 強積金成分基金類別 |
|---|---|---|---|
| 1 | -0.4% 至 -0.75% | 0.5% 至 1% | 保守基金、貨幣市場基金、保證基金 |
| 2 | -3% 至 -6% | 1% 至 2% | 貨幣市場基金、保證基金 |
| 3 | -7.5% 至 -15% | 1.5% 至 3% | 貨幣市場基金、保證基金、債券基金、混合資產基金（股少債多） |
| 4 | -15% 至 -30% | 2% 至 4% | 債券基金、混合資產基金（股債平均）、保證基金 |
| 5 | -22.5% 至 -45% | 2.5% 至 5% | 混合資產基金（股多債少）、股票基金（成熟市場） |
| 6 | -37.5% 至 -75% | 3% 至 6% | 股票基金（成熟、新興市場）、混合資產基金（股多債少） |
| 7 | <-50% | >3.5% | 股票基金（新興市場、極端時期） |

當中級別7的基金其實很少見，只有在股市極端情況才會出現。所以整體來說，要獲得高回報，就要承受高風險。不過，稍後第三章會介紹四種不同的新世代強積金投資策略，幫助打工仔提升回報，同時控制風險。

# 2.2 基金名稱的馮京與馬涼

看完上一章節，大家應該已明白不同投資取向的基金類型，但不代表就能正確選中相關基金。和第一章結尾已經講過，成分基金的名稱可以十分玄妙，例如你發現自己的強積金配置「未老先衰」，決定將資產轉移到較進取的股票基金，一打開基金選項，卻出現「BCT環球股票基金」及「BCT世界股票基金」，你會如何選擇？其實前者是主動式投資基金，後者是跟蹤指數的被動式投資，但單憑基金名字「以貌取強積金」，無法看出端倪。

香港人秒秒鐘幾十萬上落，習慣了當「標題黨」，有時卻因此被糖衣包裝吸引。正如香港的新樓盤名稱令人充滿幻想，最常見的字眼包括「雲」、「天」、「山」、「峰」、「海」、「岸」、「灣」、「港」……但到了收樓時見真身便幻想破滅。本章節要和大家講解一下基金名稱，以免大家配置資產時被名稱誤導，錯把馮京當馬涼，買完蝕晒之後幻想破滅！

## ▶ 基金名錯綜複雜，關鍵是受託人

最易令打工仔混淆的，是一隻基金出現兩間不同公司的名字，例如「AMTD 景順 65 歲後基金」和「AMTD 安聯精選增長基金」，到底這是誰負責的基金？

強積金的基金架構其實十分複雜，但當中主要是層級之間的權責問題，並不會直接影響打工仔的資產，因此筆者只解釋與打工仔最相關的角色，首先講講身份最吃重的受託人。強積金以信託模式運作，受託人會直接處理打工仔的強積金資產，因此需要擁有極高商譽及雄厚的資產作保證，通常都是銀行或是大型金融機構，簡單來説，整個強積金計劃都是由受託人操作，例如處理資產轉移，解答客服查詢等，包辦一切行政內外工作，是整個計劃的核心。那麼，「AMTD 景順 65 歲後基金」的受託人是 AMTD 還是景順？答案是兩者皆非，查閱計劃章程或積金局網站，便可得知該計劃的受託人是銀聯信託有限公司。

那麼，為何成分基金會出現「AMTD」與「景順」兩個名字？ AMTD 是計劃的搞手，即計劃保薦人，負責整個計劃的籌備推廣，然後交予受託人進行日常執行。而景順是該成分基金的投資經理，負責按照章程的策略及目標進行投資，例如買賣股票或債券等。大家可能會問，是否揀一些由出名投資經理負責的基金，回報一定較好？事實卻並非如此。很多計劃都不時會調整成分基金的投資策略，甚至更換投資經理，或者改由多個投資經理一同操盤等。但照筆者的觀察所得，過往這些投資經理架構變化，並沒有為打工仔帶來明顯好

處，基金的回報沒有提升之餘，收費亦不見得減少。

而很多時候，一間公司既是計劃搞手，同時又身為其他計劃的投資基理，令基金名稱十分混亂。例如，富達是自己的「富達退休集成信託」計劃搞手，旗下有一成分基金名為「增長基金」；「友邦強積金優選計劃」旗下有一成分基金，由富達擔當投資經理，名為「富達增長基金」！不過，強積金市場汰弱留強，收購合併時平常事，例如宏利收購了渣打和安聯的強積金計劃，永明收購施羅德的強積金計劃等。如果大家手持的強積金計劃剛好被收購合併，不用擔心，很多時反而有着數，因為可能會出現新增基金選擇，或者部分原有的基金收費下調。

## 揭開基金名稱真面目

在本書中，筆者不厭其煩地強調閱讀基金便覽的重要性，因為不閱讀便覽，可能會連基金類型也弄錯。如果基金名稱中「股票」二字，大家當然能分辨它是股票基金。但如果名稱中沒有「股票」，也可以是股票基金！例如「海通環球分散基金」，不要以為基金中的投資物很分散，它是一隻100%投資於股票的股票基金。有些基金名稱十分冗長，例如「宏利 MPF 中華威力基金」，但單看名稱，完全判斷不出它投資甚麼東西，如此有威力？（筆者合理地懷疑，「威力」二字只是其英文名稱「Manulife MPF China Value Fund」內「Value」的音譯！）有些基金名稱則相反，短得如「美洲基金」，同樣不知道它是甚麼基金！而實際上，它是一隻近年只投資於美國股票的股票基金，筆者認為正名為「美國股票基金」更合適，以正視聽。

其他幾類基金也有相似的問題，例如「施羅德強積金環球定息投資組合」沒有出現「債券」二字，但其實是一隻債券基金。「新地強積金基金」是甚麼？原來是一隻股債混合資產基金。保證基金的問題相對較少，因為保證基金為數不多，截至2023年

9月，全港17隻保證基金中，只有「宏利MPF利息基金」及「宏利MPF穩健基金」沒有標明「保證」二字。

大家不要以為基金名稱是小事，有時一字之差選錯基金，結果是滿盤皆落索！假設你今年60歲，決定將半生資產移至最低風險的成分基金，結果選錯了名稱中沒有「股票」的股票基金，大跌市時收到強積金月結單，到時才後悔沒有多花幾分鐘看清基金便覽，就已經太遲！

## ▶ 不適合臨退休人士的「退休基金」

為免發生上述的恐怖情況，如果以為選擇一些「退休基金」就很穩陣，結果可能要考驗心臟負荷。

隨著強積金制度已推行超過20年，越來越多打工仔開始踏入退休

階段，基金計劃自然懂得吸引大家眼球，使帶有「退休」二字的成分基金如雨後春筍般湧現，例如分別於2020年及2022新成立的「宏利MPF退休收益基金」及「BCT亞洲收益退休基金」，它們都是以臨退休人士為對象的低風險基金。不過，有些「退休」基金的風險並不低，例如富達的「退休易基金」和友邦的「基金經理精選退休基金」，它們的股債比例可以達到50%比50%。更誇張的是友邦的「綠色退休基金」，它的投資策略是100%投入環保主題股票，風險等級為6，萬一遇上股災，跌幅隨時超過30%！

## ▶ 趕上 ESG 熱潮的強積金

不要誤會，剛才說臨退休人士基於風險理由，不宜主力持有友邦的「綠色退休基金」，並不代表該基金表現很差。比較過去5年和10年的回報表現，比起同類的環球股票基金，綠色退休基金有1.5%左右的年均回報優勢。

實際上，「ESG」是近年的社會熱門話題，「ESG」代表「Environment」、「Social」和「Governance」，即是強調減少碳排放、關注社會責任和動物權益、不分種族和性取向的多元管治等。

許多企業都打出「ESG」名號，令相關的投資產品湧現，積金局也不甘後人，於2021年開始將ESG引入強積金體系，相關主題的基金仍然不斷增加中。例如在2023年6月，「永明彩虹計劃」就加入了一隻「永明強積金環球低碳指數基金」，宏利也會在2023年10月調整兩隻現有基金的投資方向，加入更多ESG主題。可見，ESG的熱潮仍然持續。

不過，這類新興市場及熱炒板塊始終有風頭過去的一天，大家不要盲目「跟風」，一定要考慮自己的風險承受能力！

# 2.3 自願供強積金有著數

講完基金名稱,接下來講講強積金制度中,與打工仔關係最切身的部份。閱讀本書之前,大家可能都會覺得強積金等於「強迫金」,如果得有揀,根本就不想供。但有些人卻相反,竟然自願卻去供更多強積金!讓我們來看看當中有甚麼好處。

## ▶ 自願性供款是吸引的公司福利

截至2023年9月,目前的自願性供款供款有三種,第一種就是在法例規定的強制性供款5%以外,由僱主和僱員自定的額外供款。有些公司刊登招聘廣告時,會標明員工福利包括自願性供款,但通常打工仔都不以為然,覺得強積金的金額少,又要等65歲來能提取。

但其實長年累月下，自願性供款的金額可以十分可觀，僱主也可能因應僱員的年資而增加供款，最重要是這筆供款在打工仔轉職時，可以即時提取使用，不用等到65歲！當然，每間公司都可能會附有一些不同限制，例如要求工作滿一定年份才能全數或部分獲取僱主部分的自願性供款。但整體而言，自願性供款都是一項吸引的福利。

另外，一些大機構，例如政府和醫管局都有職業退休計劃，背後的操作都近乎強積金強制性供款再加自願性供款配搭而成。打工仔如果想轉工，又遇上提供自願性供款的公司，不妨積極考慮。

但有一點要提提大家，如果是稍有年資的打工仔，都應該聽說過「強積金對沖」。由於立法會已通過取消強積金對沖，在最快2025年的「轉制日」後，僱主就不能再利用已支付給員工的強積金供款，來抵消長期服務金或遣散費。舉個簡單例子，打工仔John已在公司工作8年，假如公司將他解僱，理論上他將得到3萬元遣散費。不過，John的僱主可以行使「強積金對沖」，如果John過往的強積金供款中，僱主的每月5%供款總額已超過3萬，就1元遣散費都不用支付給John。但若John是在轉制日後才被解僱，他便可得到轉制日之後的遣散費而不被對沖。但要留意的是，如果僱主有提供自願性供款，仍然可以用自願性供款去對沖轉制日後的遣散費。

「轉制日」暫定為2025年5月1日，它是與積金局正在發展中的「積金易平台」相關聯，而該平台旨在將統一所有強積金計劃的行政運作，由一個中央平台執行，提高服務質素及效率。但其實際表現，還是等平台上線後再作定論！

## 💰 ▶ 投資強積金，好過放銀行收息

第二類自願性供款，打工仔可能比較陌生，稱為「特別自願性供款」。這類供款真的非常「特別」，因為供款與僱主無關，是打工仔主動將自己的儲蓄投入強積金！

第一次聽說此類供款的打工仔可能很震驚，但大家可能忘記了，強積金的本質亦是投資工具的一種。正如打工仔都習慣將積蓄存入銀行，但有時家人、朋友就會跟你說，銀行利息那麼低，不如做定期／買股票收息／買××投資工具吧！上述對話大家可能都經歷過，只是從來沒有將強積金納入「××投資工具」的選項中。

強積金的保守基金回報，有高於訂明儲蓄利率的法定要求，由於該回報是已扣除開支及收費後的淨回報，即是將儲蓄存入強積金，可以保本兼賺息，利息還高於存入銀行！。而且比起其他投資工具，強積金的手續費不是特別高，供款也可以隨時提存，金額可以低至數百元。不過，有些計劃會有提取次數或其他的限制條款，有興趣的打工仔應先向計劃職員了解清楚詳情。

有些打工仔會擔心，萬一強積金計劃公司倒閉，強積金會否回本無歸？其實銀行都有倒閉風險，而銀行的存款保障額上限是50萬元，即是說萬一銀行倒閉，你將可以拿回50萬以下的存款，如果你的存款額不止此數，就不一定能夠取回。至於強積金方面，《強積金條例》規定強積金受託人必須購買足夠的專業彌償保險，萬一基金公司倒閉，打工便可以向保險公司追討。另一方面，積金局亦按法例成立了補償基金，如果保險未能作出充分賠償，打工仔便可向積金局的補償基金申請補償，可以說是雙重保障。至於保障額上限是多少？按積金局2022至23年年報顯示，補償基金的資產為20億元，日後還會逐年增長。

## ▶ 年長打工仔，應用盡強積金扣稅

第三類自願性供款稱為「可扣稅自願性供款」，於2019年才開始推行，旨在以扣稅去吸引打工仔作額外供款，以備退休時期使用。打工仔每財政年度作出的「可扣稅自願性供款」，可在同年度獲得相關免稅額，以目前2023年計，由「可扣稅自願性供款」及「合資格延期年金保單」合併得出總免稅額上限為6萬港元。

近年每逢年頭一月至二月，打工仔會收到很多推銷電話，銀行及強積金計劃中介人都非常落力地介紹強積金慳稅。雖然交少些稅的誘因的確很大，但打工仔供款前要先想清楚，因為此類自願性供款要65歲才可以提取。而視乎打工仔的全年總數收入及稅階，尤其是打

工年資較淺，收入相對沒那麼高的打工仔，最終因扣稅而節省的金額可能並不多，但資金卻變相被鎖定了幾十年。而且政府近年提供了不少稅務優惠或減免，打工仔要交的稅額減少了，自願性供款的免稅額威力也就相對下降。

不過，如果是較年長的打工仔，反而應該用盡自願性供款來扣稅，更應盡量將資金投放至保證基金。在章節2.1已經介紹過，只要滿足了保證條款，保證基金就能「只賺不賠」，即使於大跌市期間都可以有正回報。60歲或以上的打工仔，如果將保證 基金配合可扣稅自願性供款，至退休前的年均回報可達到8%以上！套入實際數字來說，如果60歲至65歲期間每年供款6萬，用盡可扣稅自願性供款上限，合共能節省5萬多元稅款，加上2.5%的保證回報，合計可以賺取約7萬元，足夠退休後坐郵輪環遊世界兩三個月！

## ▶ 精明之選——靈活結合兩種供款

最精明的打工仔，當然是想用盡免稅額，同時不希望資金被鎖死太久。有無辦法一次過達成兩種願望？筆者以下教大家一個最理想的操作。

假設打工仔Jack計算自己的年度收入後，希望取得1萬元免稅額，

達至交最少稅的效果。他可以先開設一個「特別自願性供款」戶口，將1萬元存入。等到2月底時，詳細了解政府財政預算案中的稅務優惠或稅務寬免，再重新計算自己該年的稅務負擔。例如政府宣佈打工仔可享5千元免稅額，那Jack便只需要多5千元免稅額。接下來，Jack要在3月底前，從特別自願性供款戶口中提取5千元，並存入「可扣稅自願性供款」戶口中，以享受當年度的稅務優惠，其餘的流動資金則保留於「特別自願性供款」戶口。

**圖表2.6　靈活結合兩種供款，精明慳稅**

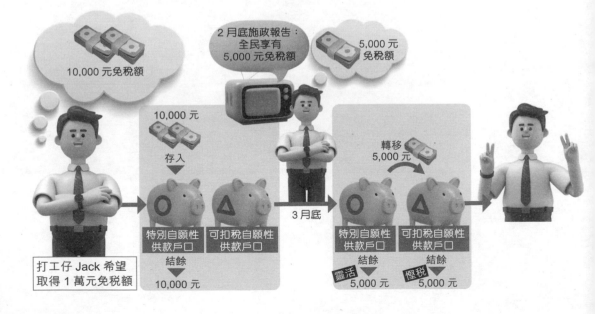

通過以上兩個戶口之間的轉換，Jack成功將資金被鎖死的時間段減至最短，即使在3月底前，有其他原因急需用錢，Jack也可以直接從特別自願性供款戶口取錢作應急之用。同時可以視乎政府當年稅務寬免的多少，才將最少額的金額存入可扣稅自願性供款戶口，避免令多餘資金被鎖死數十年。善利不同強積金戶口的特點，作最靈活調配，帶來最大效益，這才是管理強積金的最佳體現！

單是將資金在兩個強積金戶口之間轉換，都能帶來意想不到的效益，再加上投資策略的配合，威力自然更加驚人！接下來的第三章，讓我們正式踏入實戰，讓強積金回報大爆發。

chapter 3
強積金回報
大爆發

# 3.1 每月10分鐘，獲利輕輕鬆鬆

本章會教大家四種投資策略，使大家輕鬆提升強積金回報，以至足夠退休。初次自己管理強積金的打工仔，通常都會擔心兩個問題：我沒有投資經驗，也不喜歡計數，管理強積金會否很吃力？我很怕要經常留意股市，萬一跌市更會擔心到睡不著，會否不適合學習投資策略？筆者可以告訴大家，接下來教的投資策略，任何打工仔都可以輕鬆學習及使用，我們只需將數據輸入Excel，將繁複的計算交由電腦代勞。而且這套策略並不需要大家日日望著股價膽顫心驚，只要每月花5分鐘更新數據，再作簡單調整就足夠了。

順便和大家講講強積金交易的原理。還記得第二章開首，考大家關於即日炒賣強積金的一條問題嗎？其實如果想在單日交易時段期間，捕捉港股升跌，短炒強積金波幅是不可能的，因為強積金成分

基金的買賣方式與股票不同，並不能做到「即時」和「限價」，現時的絕大部分成分基金都是採用「未知價」買賣。

## 強積金不能「即日鮮」套利

所謂「未知價」，是指成分基金會在交易日收盤後才訂出基金單位的價格。港股的價格在開市時段內不停變動，相差五分鐘的兩宗成交，價位可以相差很遠。但強積金的買賣並不一樣，在提交指示的一刻，不會知道基金價格，所有指示都會在收市得出基金價格後，再按該價格買賣。換句話說，無論是當天上午十時，抑或下午三時下指令，最終都會以相同價格成交。所以即使當日波幅再大，都無法從中賺取差價套利。

同樣的情況也適用不同地區的股市。例如當天港股大升，打工仔預料當晚美股同樣會上漲，便於港股收市後馬上下指令，買入美國股票基金。但強積金基金交易要在收市才計價，美國股票基金便要等美國收市後才會被執行。因此，同樣無法利用各地股市場的時差進行套利。

更需要注意的是，目前大部分強積金都設有買賣交易截止時限，大多為香港時間下午4時。4時前提交的買賣指令，多數能按當

天收市價執行；4時後提交的指令，便要按下一個工作日的收市價執行。不過，有些服務水平較差的受託人，即使在當天4時前收到買賣指令，也可能會推遲到兩日後才處理。因此，在選擇強積金計劃前，就要了解清楚他們的服務水平及處理基金交易的效益。

## 提升強積金回報的神兵利器——Excel

正因為強積金不靠即日短炒獲利，筆者接下來所教的投資策略及系統，都是以「買入並持有一個月」的方式，讓強積金資產不斷滾存，目標是在65歲前滾出足夠的退休金。要達成這個目標，大家首先要學會製作Excel（也可利用Google Sheets或任何試算表工具），然後養成每月花5分鐘更新數據的習慣，很快便會從強積金月結單看見效果。

## 第一步：收集基金價格資訊

我們所需的數據，基本上都可以從強積金受託人／計劃的網站找到。以下用銀聯信託（BCT）的網站作簡單示範，介紹如何收集強積金價格資料，再放入試算表進行策略計算，但由於每個受託人／計劃的網站介面都不同，如未找到自己需要的基金價格資料，便要向受託人查詢。

進入受託人網站後，首先要準確地選擇自己的強積金計劃。因為很多受託人都同時管理多個強積金計劃，例如銀聯信託（BCT）旗下有

「積金之選」和「行業計劃」兩個計劃。我們從標示 ❶ 選擇「基金價格」，再在標示 ❷ 選擇「BCT積金之選」計劃，標示 ❸ 便會顯示計劃旗下的所有基金價格資訊。通常網站只會預設顯示最近一個交易日的基金價格，如果想查詢其他時期的價格記錄，亦可自行手動查找。

**圖表 3.1　從銀聯信託網站找到基金價格資訊**

有些網站提供CSV檔案，可以一次過下載基金價格資料，如果沒有提供也不要緊，直接將基金價格手動複製到試算表中就可以了。由於我們將使用的策略都是以一個月為單位，所以大家只要每個月去更新一次數據即可。但要留意，更新數據的間隔必須統一，例如選用每個月第一個交易日，或者最後一個交易日的價格。筆者建議大家最好養成習慣，在每個月的月頭或月尾去更新試算表數據。本書接下來的所有示範中，我們都會假設在每月月頭，在Excel更新當月第一個交易日的價格數據。

 第二步：更新價格資訊至 Excel

從網站找到基金價格資料後，就如圖表3.2般將數據輸入Excel。圖中只顯示了3隻基金作示範，實際操作時，要包括計劃的所有成分基金，如果該計劃有20隻基金，便要輸入20隻基金的價格。此外，大家第一次做這個動作時，要多花一點功夫，查找成分基金的歷史每月價格一併輸入，最好當然由基金成立輸入到本月，如果嫌太麻煩，最起碼也要輸入前一至兩年的價格，才更有利於策略計算。

**圖表3.2　將基金價格資訊輸入試算表**

| | A | B | C | D |
|---|---|---|---|---|
| 1 | | BCT 中國及香港股票基金 | BCT 環球債券基金 | BCT 強積金保守基金 |
| 2 | 3/1/2022 | 1.1765 | 1.6404 | 1.1511 |
| 3 | 4/2/2022 | 1.1848 | 1.6051 | 1.1511 |
| 4 | 1/3/2022 | 1.1142 | 1.5414 | 1.1511 |
| 5 | 1/4/2022 | 1.0451 | 1.4667 | 1.1511 |
| 6 | 3/5/2022 | 0.9966 | 1.4677 | 1.1511 |
| 7 | 1/6/2022 | 1.0026 | 1.4361 | 1.1511 |
| 8 | 4/7/2022 | 1.0611 | 1.4361 | 1.1511 |
| 9 | 1/8/2022 | 0.9645 | 1.4678 | 1.1511 |
| 10 | 1/9/2022 | 0.9405 | 1.4027 | 1.1511 |
| 11 | 3/10/2022 | 0.8141 | 1.3605 | 1.1513 |
| 12 | 1/11/2022 | 0.7373 | 1.346 | 1.1512 |
| 13 | 1/12/2022 | 0.889 | 1.4072 | 1.1516 |
| 14 | 3/1/2023 | 0.9567 | 1.3945 | 1.1535 |

**第三步：設定公式計算回報及波幅**

輸入好價格資訊，下一步就是好好利用相關資料，去計算基金的回報及波幅。不過我們不必親自動手計算，只需設定好公式即可。大家可按照圖表3.3設定公式，包括年均回報、按月波幅及夏普比率。

**圖表3.3 套入公式計算回報**

| | A | B | C | D |
|---|---|---|---|---|
| 1 | | BCT 中國及<br>香港股票基金 | BCT 環球<br>債券基金 | BCT 強積金<br>保守基金 |
| 2 | 1 月份回報 | 0.71% | -2.15% | 0.00% |
| 3 | 2 月份回報 | -5.96% | -0.16% | 0.00% |
| 4 | 3 月份回報 | -6.20% | -3.81% | 0.00% |
| 5 | 4 月份回報 | -4.64% | -4.85% | 0.00% |
| 6 | 5 月份回報 | 0.60% | 0.07% | 0.00% |
| 7 | 6 月份回報 | 5.83% | -2.15% | 0.00% |
| 8 | 7 月份回報 | -9.10% | 2.21% | 0.00% |
| 9 | 8 月份回報 | -2.49% | -4.44% | 0.00% |
| 10 | 9 月份回報 | -13.44% | -3.01% | 0.02% |
| 11 | 10 月份回報 | -9.43% | -1.07% | -0.01% |
| 12 | 11 月份回報 | 20.58% | 4.55% | 0.03% |
| 13 | 12 月份回報 | 7.62% | -0.90% | 0.16% |
| 14 | | | | |
| 15 | 年均回報 | -15.93% | =12*AVERAGE(B2:B13) | |
| 16 | 按月波幅 | 9.29% | =STDEV(B2:B13) | |
| 17 | 夏普比率 | -1.72 | =B15/B16 | |

如果是平常較少使用Excel的打工仔，可能會不太習慣，但不用擔心，只有第一次製作Excel時步驟比較多，因為要輸入成分基金的歷史數據及設定公式。但由第二個月開始，便只需要輸入當月的基金價格，亦可以直接應用已設定的公式，十分方便。

所以大家不要怕麻煩，一定要好好整理這份Excel表格，在接下來的投資策略中，它將很快大派用場。每月花5分鐘更新Excel，再花5分鐘登入強積金戶口作策略調配，提升回報就是如此簡單！

## 🎁 ▶ 免費Excel懶人包

覺得又要抓基金價格數據，又要自行製作試算表很麻煩？介紹大家到筆者創辦的網站，筆者已將試算表及下一章節的「動力四式」相關公式都放進www.MPFier.com網站的手機App，大家可以直接取用，懶或Excel太複雜從此不是藉口！馬上行動，立即取得Excel表，打造自己的長勝強積金！同時亦可以跟隨連結下載MPFier app，發掘更多為強積金增值的資訊！

## 3.2 動力四式，邁向理想退優

在講解投資策略四式之前，先簡略介紹一下筆者研發相關策略的心路歷程。筆者都是打工仔一員，初時對強積金都是零認識，亦十分不滿強積金的表現。翻查了大量數據，鑽研了不同投資學説後，深深明白到世界上是不會有一套投資大師學説，可以直接應用於強積金。例如傳奇投資者Jessie Livermore，雖然他的名氣一時無兩，但其實他的投資法太著重眼前利益，也不太在意風險管理，往往由運氣主導。如果應用他的投資方法去管理強積金，可能一次大跌市就蝕清光，能維持年均回報2%已是萬幸。即使出名如John Bogle或巴菲特，他們的知識和書本理論都未必能套用於管理強積金，那些理論要麼為了追求回報而將過多資產暴露於高風險，要麼過於保守限制了資產增長，令「單靠強積金退休」永無成功之日。

最後，在芸芸投資理論中，筆者終於找到一種比較有效的策略，較適合用於管理強積金，稱為「戰術性資產配置」（Tactical Asset Allocation，TAA）。這套策略的代表人物之一是著名基金公司橋水公司（Bridgewater）的創辦人Ray Dalio，特點是結合多元化的資產類別，並且以風險管理為出發點，而非著眼於回報、增長或低廉價格，是一種動態資產配置模式。經過長時間的研究與試驗，筆者最終研發並印證了以「動力四式」管理強積金的威力，成功將強積金回報提升並維持在8%以上！

## 眾裡尋「因」——動力因子

在「動力四式」中，「動」是一個重要概念，源於因子投資（Factor Investing）中的**動力因子**（Momentum），主要探討過去升幅較多的資產是否會因趨勢或動力繼續上升，相反，如果資產過去傾向下跌，是否會因趨勢或動力而繼續下跌。簡單來說，就是要在動力初起時買進，在動力衰退時賣出，即是要「買當頭起」，或者說「順勢而行」，「有智慧，不如趁勢」。

因子投資中有各種影響投資表現的因子，但經筆者分析，當中唯獨動力因子最適合應用於強積金投資。

由於成分基金主要投資於大型市場和大型股票及債券，**規模因子（Size）**和**質素因子（Quality）**造成的差異相對很小。而且強積金是一籃子的投資物，一隻成分基金持有不同的股票和債券，難以出現**價值（Value）**及**價格（Price）**高低的差異機會，所以價值因子亦可以忽略。相反，強積金有400多隻成分基金，當中表現有好有壞，當套用動力因子便見端倪。

不過，筆者寫本書的目的，並不是和大家探討複雜的投資理論，畢竟理論再無敵，如果不能實際提升強積金回報，都是「哇氣」！所以，筆者將理論化為實際四式，大家只要跟著步驟一步步去做，從更新Excel至調配成分基金，短至數月便能看見強積金表現顯著提升。

## 動力投資第一式——「動力開關」

現在要介紹的第一個投資策略，是一種將時間序列（Time-series）和動力（Momentum）合二為一的投資策略，為了使大家更易理解，及將艱澀的理論形象化，筆者稱第一式為「動力開關」。顧名思義，就是每月頭按上月的基金價格數據去更新Excel回報表現後，視乎結果的正負來決定現去判斷開水喉還是關水喉，開水喉是進行風險投資，將強積金資產平均配置於所有成分基金；而關水喉則是避險，將強積金資產轉入保守基金。

首先，在我們上一章節製作的Excel表加入一條公式（如圖表3.4所示），以計算計劃內所有成分基金的平均回報，我們每月便是根據這個平均回報的正負值，來決定是否需要「動」強積金。要留意，使用第一式「動力開關」的前提，是大家已將強積金資產平均分配在計劃中的所有成分基金中。例如強積金戶口共有10萬元，而計劃共有10隻成分基金，就每隻基金配置1萬元。

下一步，就是在每月更新Excel數據後，查看平均回報的正負。假設我們於每月月頭，更新上月最後一個交易日的基金價格：如果上月平均回報是正數，那麼本個月就「開」，不需有任何動作，繼續將資產平均分配到計劃內所有成分基金身上。但如果上月的平均回報為負數，本月便「關」，將資金全部轉入保守基金，維持一個月。直到下個月頭，再次更新Excel，如果平均回報仍是負數，就繼續「關」；如果平均回報變成正數，就將保守基金內的資產轉出，重新平均分配到所有成分基金。

**圖表 3.4　計算基金平均回報，按正負決定當月是否轉換基金**

| E | (B2+C2+D2)/3 = E2 | | |
|---|---|---|---|

| | A | B | C | D | E |
|---|---|---|---|---|---|
| 1 | | BCT 中國及香港股票基金 | BCT 環球債券基金 | BCT 強積金保守基金 | 所有基金平均回報 |
| 2 | 2022 年 1 月份回報 | 0.71% | −2.15% | 0.00% | (0.71% − 2.15%+ 0%)/3 = 0.48% |
| 3 | 2022 年 2 月份回報 | −5.96% | −0.16% | 0.00% | −2.04% |
| 4 | 2022 年 3 月份回報 | −6.20% | −3.81% | 0.00% | −3.34% |
| 5 | 2022 年 4 月份回報 | −4.64% | −4.85% | 0.00% | −3.16% |
| 6 | 2022 年 5 月份回報 | 0.60% | 0.07% | 0.00% | +0.22% |
| 7 | 2022 年 6 月份回報 | 5.83% | −2.15% | 0.00% | +1.23% |
| 8 | 2022 年 7 月份回報 | −9.10% | 2.21% | 0.00% | −2.30% |
| 9 | 2022 年 8 月份回報 | −2.49% | −4.44% | 0.00% | −2.31% |
| 10 | 2022 年 9 月份回報 | −13.44% | −3.01% | 0.02% | −5.48% |
| 11 | 2022 年 10 月份回報 | −9.43% | −1.07% | −0.01% | −3.50% |
| 12 | 2022 年 11 月份回報 | 20.58% | 4.55% | 0.03% | +8.39% |
| 13 | 2022 年 12 月份回報 | 7.62% | −0.90% | 0.16% | +2.29% |

例如現在是 2023 年 1 月頭，我們更新 2022 年 12 月最後交易日的基金價格後，得出平均回報為 +2.29 ％，是正數，本月便不需做任何動作，繼續將資金平均分配在計劃的所有成分基金即可。這個月甚麼都不用做，等 2 月頭才再更新本月的價格數據。

第一式「動力開關」是一個比較短期的動力策略，當動力表現好的時候就持有所有成分基金，如果表現較差或是負數，就避險轉入保守基金，「睇定啲先」！打工仔可能會問，如果我把資產轉到保守基金後，連續幾個月平均回報都仍是負數，怎麼辦？那就繼續關水喉，好好守住本金，直到見到所有成分基金的表現開始好轉，平均回報變成正數，我們就可以「食住個勢」去買當頭起了。

🔍 **最適合：臨退休／ 追求低風險的打工仔／ 管理強積金新手**

我們來看看將「動力開關」應用於各大強積金計劃的成果：

**圖表3.5　應用「動力開關」於各大強積金計劃的回報及波幅**

|  | 恒生指數 | 恒生指數（計入派息及減去開支） | 強積金整體 | BCT積金之選 | 宏利環球精選（強積金）計劃 | 匯豐強積金智選計劃 | 永明彩虹強積金計劃 | 信安強積金計劃800系列 | 富達退休集成信託 |
|---|---|---|---|---|---|---|---|---|---|
| 年均回報 | 2.58% | 4.68% | 2.85% | 4.88% | 4.94% | 5.40% | 4.43% | 4.22% | 4.94% |
| 按月波幅 | 6.04% | 6.05% | 3.46% | 1.95% | 1.88% | 2.21% | 1.92% | 1.92% | 1.81% |
| 回報/波幅 | 0.43 | 0.77 | 0.82 | 2.50 | 2.63 | 2.44 | 2.31 | 2.20 | 2.73 |

相較於整體強積金和同期恒生指數的0.8，可以看到應用「動力開關」的夏普比率（回報／波幅）最高可以到達2.73，而且波幅維持在低的水平。雖然年均回報不

是最高，但由於按月波幅較低，策略的最大跌幅也能夠維持在相對較低的水平，非常適合保守或臨近退休的打工仔。而且第一式「動力開關」的好處是操作簡單，每月頭輸入基金價格數據後，只需根據平均回報的正負數作出判斷，決定當月「開／關」，轉換方式也只有兩種，一是全數轉入保守基金，一是平均分配至所有成分基金中，初次自己管理強積金也能輕鬆上手。

## ▶ 動力投資第二式──「擇優而動」

在熟習了第一式「動力開關」後，大家便可以進深學習第二式「擇優而動」。之前第一式「動力開關」比較簡單，將整個計劃的基金視作「命運共同體」，只看它們整體平均回報的正負值。但第二式「擇優而動」就要比較各成分基金之間回報，再通過擇優程序，然後進行資產配置。就好像去街市買生果，我們會選擇最優質的一份，第二式「擇優而動」會比較計劃內的不同成分基金表現，選出表現較好的才作調配。在策略回報方面，第二式「擇優而動」的回報會較第一式「動力開關」為高，在比較成分基金表現後，打工仔可以只選擇表現最好的一隻持有，如果當月同時有幾隻基金表現突出，也可以同時持有多隻基金。

在比較成分基金的表現時，這次我們不再只比較基金的單月表現，而是以過往多個月份的累計回報作為回顧期。如圖表3.6所示，大家先在Excel中加入公式，計算過往四個月各基金的累計回報：

## 圖表3.6　計算基金每4個月平均回報，找出最佳表現基金

| | BCT 中國及香港股票基金 | BCT 環球債券基金 | BCT 強積金保守基金 | | BCT 中國及香港股票基金 | BCT 環球債券基金 | BCT 強積金保守基金 |
|---|---|---|---|---|---|---|---|
| 1 月份回報 | 0.71% | -2.15% | 0.00% | | | | |
| 2 月份回報 | -5.96% | -0.16% | 0.00% | | | | |
| 3 月份回報 | -6.20% | -3.81% | 0.00% | | | | |
| 4 月份回報 | -4.64% | -4.85% | 0.00% | 1 月至 4 月份回報 | -16.10% | -10.97% | 0.00% |
| 5 月份回報 | 0.60% | 0.07% | 0.00% | 2 月至 5 月份回報 | -16.20% | -8.75% | 0.00% |
| 6 月份回報 | 5.83% | -2.15% | 0.00% | 3 月至 6 月份回報 | -4.41% | -10.74% | 0.00% |
| 7 月份回報 | -9.10% | 2.21% | 0.00% | 4 月至 7 月份回報 | -7.31% | -4.72% | 0.00% |
| 8 月份回報 | -2.49% | -4.44% | 0.00% | 5 月至 8 月份回報 | -5.16% | -4.31% | 0.00% |
| 9 月份回報 | -13.44% | -3.01% | 0.02% | 6 月至 9 月份回報 | -19.20% | -7.39% | 0.02% |
| 10 月份回報 | -9.43% | -1.07% | -0.01% | 7 月至 10 月份回報 | -34.47% | -6.30% | 0.01% |
| 11 月份回報 | 20.58% | 4.55% | 0.03% | 8 月至 11 月份回報 | -4.79% | -3.96% | 0.04% |
| 12 月份回報 | 7.62% | -0.90% | 0.16% | 9 月至 12 月份回報 | 5.32% | -0.43% | 0.21% |

計算出過往4個月的基金總回報後，再按總回報排列出成分基金的回報高低。例如現在是5月頭，我們在更新了4月最後交易日的價格數據後，計得出了圖表3.6的回報結果。在3隻成分基金中，「BCT 強積金保守基金」表現最好（+0%），然後是「BCT 環球債券基金」（-10.97%），最差是「BCT 中國及香港股票基金」（-16.1%）。接著，我們便可以將所有資產配置到BCT 強積金保守基金。到了6月頭，我們更新5月最後交易日數據，然後再計算2月至5月的總回報，結果仍然是BCT強積金保守基金表現最佳，那就暫時不動。

## 🔍 大數據印證穩健性

筆者曾做過多次測試，研究不同間隔的回顧期，例如過往三個月累計回報至過往六個月累計回報，對策略回報所造成的影響，發現結果都是差不多，亦證明了「擇優而動」的穩健性。從結果可見，「擇優而動」的平均回報比「動力開關」高，離我們的目標年均回報8%又更近了一步！

**圖表 3.7 應用「擇優而動」於各大強積金計劃的回報及波幅**

|  | BCT<br>積金之選 | 宏利環球<br>精選（強積<br>金）計劃 | 信安<br>強積金計劃<br>800 系列 | 匯豐<br>強積金<br>智選計劃 | 永明彩虹<br>強積金<br>計劃 | 富達退休<br>集成信託 |
|---|---|---|---|---|---|---|
| 年均<br>回報 | 9.33% | 4.78% | 6.92% | 7.74% | 7.42% | 8.13% |
| 按月<br>波幅 | 4.23% | 4.78% | 4.39% | 4.34% | 4.33% | 4.07% |
| 回報/<br>波幅 | 2.20 | 1.00 | 1.58 | 1.78 | 1.71 | 2.00 |

## 動力投資第三式——「動力三寶」

第三式「動力三寶」的策略原型來自 Gary Antonacci 的「雙重動力」（dual momentum），其背後原理是過三關。

「動力三寶」將成分基金成三種：股票基金、債券基金和保守基金。只運用計劃內一隻股票基金、一隻債券基金和一隻保守基金，如圖表 3.8。然後，我們同樣在每個月月頭，去更新上月最後交易日的基金價格，並比較它們的上月平均回報，即是回顧期為一個月，與第一式「動力開關」一樣。留意，我們首先要比較股票基金和債券基金，並從中選擇正回報，且回報更佳的一方，將轉產全部轉移到該基金。如果股票基金和債券基金上月均為負回報，就將資產全部移入保守基金。

「動力三寶」傾向進攻，因為我們會先比較股票基金和債券基金，看看其中有無表現突出的基金值得出擊，但所謂「鳳凰無寶處不落」，如果股債基金皆不理想，我們便會轉向防守，等下個月更新價格數據後再重新審視，恃勢出動。

## 🔍 回報突出，伴隨一定風險

將「動力三寶」應用於各大強積金計劃，普遍長期年均回報都有接近8%甚至更高的表現，「永明彩虹強積金計劃」甚至能達至11.49%的年均回報。

**圖表 3.8　應用「動力三寶」於各大強積金計劃的回報及波幅**

| | BCT<br>積金之選 | 宏利<br>環球精選<br>（強積金）<br>計劃 | 匯豐<br>強積金<br>智選計劃 | 永明彩虹強<br>積金計劃 | 信安<br>強積金計劃<br>800 系列 | 富達退休集<br>成信託 |
|---|---|---|---|---|---|---|
| 年均回報 | 7.29% | 7.97% | 7.94% | 11.49% | 9.66% | 9.03% |
| 按月波幅 | 3.77% | 4.09% | 4.14% | 3.84% | 4.18% | 4.04% |
| 回報 / 波幅 | 1.93 | 2.63 | 1.92 | 2.99 | 2.31 | 2.23 |
| 成份基金<br>（股票基金） | BCT<br>恒指基金 | 宏利 MPF<br>香港<br>股票基金 | 中港<br>股票基金 | 永明首域<br>強積金香港<br>股票基金 | 信安香港股<br>票基金 | 香港<br>股票基金 |
| 成份基金<br>（債券基金） | BCT<br>港元<br>債券基金 | 宏利 MPF<br>穩健基金 | 保證基金 | 永明<br>強積金港元<br>債券基金 | 信安國際<br>債券基金 | 香港<br>債券基金 |

不過，剛才也提過「動力三寶」的回報雖突出，但是也有一定風險。
原因是多數強積金計劃中，都會有多隻股票基金可供選擇，若從中
選出回報表現最好的，通常都是會美股基金或港股基金，但它們的
風險也相對較高。另一方面，強積金計劃中可供選擇的債券基金並
不多，通常都是以美國債券為主，如果想分散市場風險，就可能要
轉而選擇人民幣債券基金。不過，人民幣不是全球流通貨幣，筆者
並不建議將資產過度集中於相關基金。所以，大家使用此第三式
時，亦要兼顧自己的風險承受能力。而且集中運用單一股票基金及
單一債券基金，會令「動力三寶」的地區風險相對較高。

## 〰 ▶ 動力投資第四式──「風吹草動」

第四式的策略的原型由外國學者 WJ Keller 提出，筆者受其中一篇關於 VAA（Vigilant Asset Allocation）的論文啟發，想到了一種能更好地掌控風險的「兩層動力」策略，並成為了第四式「風吹草動」。

「風」就是風險，我們要在把控好風險的前提下，決定本月如何動。第四式的理念是先將資產分為高風險和低風險兩層，然後根據市場趨勢，去調整高低風險的資產分配比例。在剛才第一至三式，我們配置強積金資產主要是根據基金的回報表現判斷，現在第四式則加入了風險的考量。

「風吹草動」首先根據基金的風險級別，區分基金的風險高低。風險級別 5 以上的成分基金，我們劃分到高風險層；風險級別 4 或以下的成分基金，則分配到低風險層。下一步，便是如圖表 3.9 般，加入一條公式。這公式由 Keller 提出，原理比較複雜，通過對不同時段的回報作出不同權重，計算出綜合回報數值去判斷成分基金的動力。公式已經筆者多次驗證，大家可以直接使用。

**圖表 3.9　設定公式，應用「風吹草動」**

|  | A | B | C | D |
|---|---|---|---|---|
| 1 |  | BCT 中國及<br>香港股票基金 | BCT<br>環球債券基金 | BCT 強積金<br>保守基金 |
| 2 |  |  |  |  |
| 3 | 1 月份回報 | 0.71% | −2.15% | 0.00% |
| 4 | 2 月份回報 | −5.96% | −0.16% | 0.00% |
| 5 | 3 月份回報 | −6.20% | −3.81% | 0.00% |
| 6 | 4 月份回報 | −4.64% | −4.85% | 0.00% |
| 7 | 5 月份回報 | 0.60% | 0.07% | 0.00% |
| 8 | 6 月份回報 | 5.83% | −2.15% | 0.00% |
| 9 | 7 月份回報 | −9.10% | 2.21% | 0.00% |
| 10 | 8 月份回報 | −2.49% | −4.44% | 0.00% |
| 11 | 9 月份回報 | −13.44% | −3.01% | 0.02% |
| 12 | 10 月份回報 | −9.43% | −1.07% | −0.01% |
| 13 | 11 月份回報 | 20.58% | 4.55% | 0.03% |
| 14 | 12 月份回報 | 7.62% | −0.90% | 0.16% |
| 15 |  |  |  |  |
| 16 |  |  |  |  |
| 17 | 兩層動力的綜合<br>回報值計算公式 | 34.48% | −5.39% | 0.84% |
| 18 |  | =(B14*12+SUM(B12:B14)*4+SUM(B9:B14)*2+SUM(B3:B14)/4 | | |

假設計劃內有 2 隻基金屬於高風險層，分別為美股基金及港股基金；
2 隻基金屬於低風險層，分別為保守基金及混合資產基金。我們在
月頭更新基金價格後，先比較高風險層的成分基金表現。如果 2 隻
基金的綜合回報值都是正數，我們本月就將資產全部移至綜合回報
值較高的一隻基金。例如美股基金的綜合回報值是 +5%，港股基金
的綜合回報值是 +3%，本月就將資產全部轉入美股基金。但如果

美股基金的綜合回報值是+5%，港股基金的綜合回報值是-3%，即是只要高風險層中有其中一隻基金的綜合回報值為負數，我們本月就將資產移至低風險層。然後，我們就比較低風險基金的綜合回報值，將資產移入綜合回報值最高的一隻基金。例如保守基金的綜合回報值是+2%，混合資產基金的綜合回報值是+1%，本月的所有資產便移入保守基金。

##  回報理想，風險相對可控

以上例子是簡化版，因為通常計劃中的成分基金不止4隻，大家要將所有基金做好風險分層。筆者亦考證過，測試將資產分配至不同數量基金的效果，例如將資產分配至高風險層表現最好的4隻基金。結果是各種組合之下，結果都是差不多。以下圖表3.10是應用「風吹草動」，只將資產配置至1隻表現最好基金的回報：

### 圖表3.10　應用「風吹草動」於各大強積金計劃的回報及波幅

| | BCT 積金之選 | 宏利環球精選(強積金)計劃 | 匯豐強積金智選計劃 | 永明彩虹強積金計劃 | 信安強積金計劃800系列 | 富達退休集成信託 |
|---|---|---|---|---|---|---|
| 年均回報 | 6.82% | 6.03% | 6.58% | 9.45% | 9.40% | 4.59% |
| 按月波幅 | 3.07% | 2.69% | 3.17% | 3.60% | 3.38% | 3.73% |
| 回報/波幅 | 2.22 | 2.24 | 1.94 | 2.62 | 2.78 | 1.23 |

可見第四式的回報同樣十分理想，非常接近甚至超出了我們年均回報8%的目標。「風吹草動」的操作，其實和第三式「動力三寶」有點類似，都是要該類資產的上月回報全為正數，我們才會配置資產，不過第三式是根據資產類別分類，第四式是根據風險級別分類，更易把風險控制在自己能承受的水平。

## ▶ 選取最適合自己的招式

心水清的打工仔可能會留意到，無論是應用「動力四式」中的哪一式，都能明顯提高強積金回報，但不同計劃的回報表現都不一樣，有些計劃在應用不同策略後，表現都相對更突出，例如「永明彩虹強積金計劃」。但正如筆者曾多次提及，沒有一個計劃是最完美，打工仔最好不要只持有單一計劃，反而應持有兩三個強積金計劃去保持靈活

打造長勝強積金

性。在選擇計劃時，也不要只追求最高回報，一來回報只反映歷史表現，將來的表現沒有人能肯定，二來還有風險及服務水平等等考慮因素。

揀好計劃，便能使用「動力四式」去打理自己的強積金，在65歲以前，將資金在計劃中不同成分基金間游走，滾存出足以退休的強積金。但既然四式都能帶來不錯的回報，打工仔應該如何選擇最適合自己的一招？

如果是較年輕的打工仔，應該趁早累積資金，可以使用第二式「擇優而動」及第三式「動力三寶」，兩式都能帶來8%或以上的年均回報，同時按月波幅最高為4.44%，代表最大跌幅大約為22%至44%，是年輕人可以承受的範圍。至於臨近退休的打工仔，首選當然是風險最低的第一式「動力開關」。但普遍打工仔，當然是想高回報及低風險兩者兼得！那就可以選擇第四式「風吹草動」，按月波幅大約為3%，均回報亦有7%以上，算是中庸之道。

chapter 4
強積金提領前後

## 4.1 早領未必早享受

學完「動力四式」，相信大家很快會從自己的強積金表現看出成果，到多用幾次，熟習策略後，還可以把四式應用到股票或其他投資上，本書的最後一章（第五章）會教大家更多相關應用。而本章會先跟大家講講關於提領強積金，畢竟滾存強積金只是過程，打工仔最關心和期待的當然是提領的一刻！

### ▶ 別盲目相信「提早領取強積金」

在正常情況下，打工仔在65歲才會提取強積金，但近年來，坊間經常出現許多不知名廣告，聲稱可以合法地代辦提早領強積金，大家必須小心，所謂「合法」很可能只是中介人不負責任的招

徑，實際上極易觸犯法例。現時香港的強積金法例只接
受以下六項提早提取強積金的理由：

① 提早退休

② 永久性地離開香港

③ 完全喪失行為能力

④ 罹患末期疾病

⑤ 小額結餘

⑥ 死亡

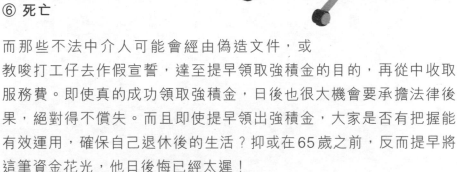

而那些不法中介人可能會經由偽造文件，或
教唆打工仔去作假宣誓，達至提早領取強積金的目的，再從中收取
服務費。即使真的成功領取強積金，日後也很大機會要承擔法律後
果，絕對得不償失。而且即使提早領出強積金，大家是否有把握能
有效運用，確保自己退休後的生活？抑或在65歲之前，反而提早將
這筆資金花光，他日後悔已經太遲！

## ▶ 移民不領強積金，反而慳稅有著數

另一邊廂，近年來移民人士人數急增，而打工仔移民時，都會以
「永久性地離開香港」為由，申請提早提取強積金。這件事本身沒
有什麼不妥，但打工仔通常只想到領取強積金等於多個錢傍身，幾

乎默認移民等於要領取強積金，卻沒有想過繼續將強積金留在香港的可能性，更忽略了當中潛在的好處。

香港人已經習慣了低稅制度，對於稅務敏感度不足。其實在許多移民熱門國家如英國、加拿大、澳洲和紐西蘭等，提取退休金會被視為收入，需要報稅。如果一次提取的金額很大，在高稅制國家可能需要承擔高昂的稅項。如果在移民後才記起強積金，提取前必須準確地計算稅款，做好心理準備。

假如決定處理好強積金才移民，更加要考慮清楚，當成功取得這筆資金後，自己要如何投資增值？例如打算在移民後投資股票，或者物業以至虛擬貨幣，都不能忽略當地的稅務考量。許多國家都設有資產增值稅，炒賣股票及物業的增值部分要納稅，同時要承受了大市升跌

的風險。如果想穩穩陣陣買一些收息股,打算靠股息來幫補一下生活,結果可能要繳交一大筆利息稅或入息稅。相反將強積金保留並用「動力四式」作滾存,就可以免除這些稅負,因為許多國家都與香港存有稅務協議,例如假設打工仔移民英國,並成為了英國稅務居民,根據英國與香港之間的稅務協議,英國稅務居民於香港強積金戶口內的資產仍按香港稅務處理,即是強積金的回報及利息都不需繳資產增值稅。

所以,打工仔假如想移民,要先考慮清楚自己的投資方向,才決定是否提取強積金。如果是退休後移民,提取強積金時也可選擇一次過抑或分期提取,根據當地稅階及個人免稅額去計算稅務負擔,達至最慳稅的效果。

# 4.2 活到老，賺到老

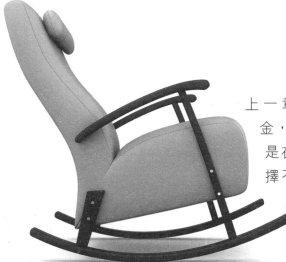

上一章節講完提早領取強積金，現在説説相反的情況，就是在65歲後，大家也可以選擇不提取強積金，或者分期提取，剩下的資金就繼續滾存。打工仔聽到可能有點驚訝，畢竟「養積金千日」，不就是為了提領的一刻嗎？正確來説，管理自己的退休金，真的不是為了提領的「一刻」，我們的目標是令這筆資金長用長有。大家領取到強積金後會怎樣處理？相信很多人都會選擇存入銀行，每月從中提取生活費。但銀行的利息低，物價和通脹飛快，錢放在銀行不動，長期只會貶值。其實大家在學會「動力四式」後，強積金要達到年均回報達4%以上並不難，即是已經跑贏大約每年3%的通脹率！這一章節，

筆者會探討一下打工仔退休後的投資策略，務求退休金不是僅僅夠用，而是足以過得豐盛精彩。

## %▸ 不用買收息股，買強積金也可以收息

在第二章已提及過，一些計劃為吸引臨近退休的打工仔，會在成分基金名稱冠上「退休」二字，當中的投資策略卻可能風險偏高。首先討論一種更加吸引退休人士的基金──「派息基金」。就讓我們來了解一下所謂的派息基金是否真的會派息，以及它們的好處和壞處。

第一個例子是「宏利環球精選（強積金）計劃」中的「宏利MPF退休收益基金」。從圖表4.1可見，這隻基金的確是會每月派息的，平均每年息率達4%以上，宏利亦宣稱會維持派息4%。派息的操作方面，對於65歲以上的人士，基金會將派息轉入名為「利息基金」的保證基金，65歲以上人士便可以從利息基金中提取現金利息。至於65歲以下的打工仔，基金將會把利息買入等值的基金單位，等於「以基金代息」。

## 圖表 4.1 「宏利 MPF 退休收益基金」的部分派息紀錄

| 股息分派次數 | 記錄日 | 每單位派息 | 截至日期 | 除息日 | 分派日 | 從可分派收入淨額支付 | 從資本中支付 | 年度化派息率 |
|---|---|---|---|---|---|---|---|---|
| 每月 | 2023 年 3 月 20 日 | 0.030 港元 | 2023 年 3 月 20 日 | 2023 年 3 月 21 日 | 2023 年 3 月 28 日 | 0.00% | 100.00% | 4.28% |
| 每月 | 2023 年 2 月 17 日 | 0.030 港元 | 2023 年 2 月 17 日 | 2023 年 2 月 20 日 | 2023 年 2 月 27 日 | 0.00% | 100.00% | 4.22% |
| 每月 | 2023 年 1 月 17 日 | 0.030 港元 | 2023 年 1 月 17 日 | 2023 年 1 月 18 日 | 2023 年 1 月 30 日 | 0.00% | 100.00% | 4.14% |
| 每月 | 2022 年 12 月 19 日 | 0.030 港元 | 2022 年 12 月 19 日 | 2022 年 12 月 20 日 | 2023 年 12 月 29 日 | 0.00% | 100.00% | 4.33% |
| 每月 | 2022 年 11 月 18 日 | 0.030 港元 | 2022 年 11 月 18 日 | 2022 年 11 月 21 日 | 2023 年 11 月 28 日 | 0.00% | 100.00% | 4.37% |
| 每月 | 2022 年 10 月 18 日 | 0.030 港元 | 2022 年 10 月 18 日 | 2022 年 10 月 19 日 | 2023 年 10 月 26 日 | 0.00% | 100.00% | 4.51% |
| 每月 | 2022 年 9 月 19 日 | 0.030 港元 | 2022 年 9 月 19 日 | 2022 年 9 月 20 日 | 2023 年 9 月 27 日 | 0.00% | 100.00% | 4.25% |
| 每月 | 2022 年 8 月 18 日 | 0.030 港元 | 2022 年 8 月 18 日 | 2022 年 8 月 19 日 | 2023 年 8 月 26 日 | 0.00% | 100.00% | 4.07% |
| 每月 | 2022 年 7 月 18 日 | 0.035 港元 | 2022 年 7 月 18 日 | 2022 年 7 月 19 日 | 2023 年 7 月 26 日 | 0.00% | 100.00% | 4.80% |
| 每月 | 2022 年 6 月 20 日 | 0.035 港元 | 2022 年 6 月 20 日 | 2022 年 6 月 21 日 | 2023 年 6 月 28 日 | 0.00% | 100.00% | 4.78% |

再來看看另一個例子，這隻「BCT積金之選計劃」的「亞洲收益退休基金」同樣標榜派息，BCT宣稱基金以通脹率加2%的派息率為目標。從圖表4.2可見，「亞洲收益退休基金」也的確會每月派息，平均息率為3%以上，勉強追上通脹。至於派息操作，與宏利的做法相似：未夠65歲，BCT會「以基金代息」將派息買入「亞洲收益退休基金」，而至65歲後，BCT會將派息轉入「65歲後基金」。

圖表4.2　「BCT亞洲收益退休基金」的部分派息紀錄

| 記錄日期 | 除息日期 | 分派日期 | 除息日資產淨值 | 每單位派息 | 從可分派收入淨額支付派息 | 從資本中支付派息 | 年度化派息率 |
|---|---|---|---|---|---|---|---|
| 18/11/2022 | 21/11/2022 | 23/11/2022 | HKD 0.9815 | HKD 0.0028 | 100.00% | 0.00% | 3.48% |
| 20/12/2022 | 21/12/2022 | 23/12/2022 | HKD 0.9847 | HKD 0.0028 | 100.00% | 0.00% | 3.47% |
| 19/01/2023 | 20/01/2023 | 27/01/2023 | HKD 1.0015 | HKD 0.0031 | 100.00% | 0.00% | 3.78% |
| 20/02/2023 | 21/02/2023 | 23/032023 | HKD 0.9911 | HKD 0.0031 | 100.00% | 0.00% | 3.82% |
| 20/03/2023 | 21/03/2023 | 23/032023 | HKD 0.9848 | HKD 0.0031 | 100.00% | 0.00% | 3.84% |

然後，讓我們來比較一下兩隻派息基金：

**圖表4.3** 「宏利MPF退休收益基金」及「BCT亞洲收益退休基金」對比

|  | 宏利 MPF 退休收益基金 | BCT 亞洲收益退休基金 |
|---|---|---|
| 派息週期 | 每月派息 | 每月派息 |
| 派息息率 | 目標**每年** 4% | 目標每年香港**消費物價指數 + 2%** |
| 基金收費 | 1.3%（65 歲前）；0.99%（65 歲後） | 1.288%（65 歲前）；0.99%（65 歲後） |
| 派息轉入 | 宏利 MPF 退休收益基金（65 歲前）；宏利 MPF 利息基金（65 歲後） | BCT 亞洲收益退休基金（65 歲前）；BCT 65 歲後基金（65 歲後） |
| 投資物 | 20% 至 60% 投資於股票，其餘資產則投資於債券、存款 | 至少 70% 投資於**亞洲以美元計投資級別債券**，其餘資產則投資於**香港及與中國內地相關的股本證券** |

可見，無論是宏利或BCT都有名副其實地派息，不過，不要以為有息派等於基金表現好，息率也不一定愈高愈好，而是要看基金的整體回報。

### 🔍 強積金也要「除淨」

如果單看圖表4.1和4.2，兩隻派息基金都固定持續有息派，是否就代表兩隻基金都長期賺錢？以上的概念用於收息股，可能是正確的，如果公司該年度盈利下降，通常都不會派息。但強積金成分基金卻不一定，有  時即使基金已經出現虧損，基金經理也會維持派息，但派息之後基金單位的價格就會相應下降，等於股票「除淨」之後，派出的股息會反映於股價。要真正比較兩隻基金的回報，就要計及基金價格及期間的派息：

**圖表4.4　兩隻基金的真正回報對比**

|  | 宏利 MPF 退休收益基金 | BCT 亞洲收益退休基金 |
|---|---|---|
| 2023 年 1 月 3 日<br>基金價格 | 8.527 | 0.9889 |
| 2023 年 6 月 30 日<br>基金價格 | 8.609 | 0.9733 |
| 2023 年 1 月 3 日至 6 月<br>30 日合計派息 | 0.18 | 0.0186 |
| 基金價格回報 | 0.96% | -1.58% |
| 總回報(計入派息) | 3.07% | 0.30% |

從圖表4.4可見，「BCT亞洲收益退休基金」雖然持續有息派，基金價格回報卻是負數，總回報亦只是勉強維持正數！所以，日後大家要比較「派息基金」的表現時，不要只看基金價格的變化，而是記得加入基金的派息率作考慮。

嚴格來說，這些「派息基金」與一般資產混合基金沒有分別，不過對於65歲以上的退休人士，這類基金一來收費較低，二來能提供穩定現金流，而且波幅一般不會太高，所以也算是退休後投資的好選擇。

## ▶ 投資要多元化，強積金以外的選擇

雖然本書是以強積金為主，但大家在退休後，其實亦可以選擇一些強積金以外的投資產品。畢竟，筆者建議退休人士可以盡量多元化分散投資，從而降低波幅風險。在強積金的框架之外，通脹掛鈎債券和銀色債券會是退休人士不錯的投資選擇。此外，年金也是一種不錯的保險產品，它背後多半是以債券投資為基礎，但由於保險公司會負起保證責任，變相降低了保單風險。

其實退休後的投資策略首要是風險低，回報足以抗通脹，最好能帶來現金流應付每月開支。筆者根據以上重點，整理了一套退休投資理人包，列出各種適合退休人士的投資產品，大家可以看看哪種最適合自己。

## 年金──低風險現金流

近年政府大力推廣「退休三寶」，政府公共年金的廣告牌隨處可見，所以就先和大家介紹一下年金。公共年金由按揭證券公司旗下的香港年金公司推出，其實它和私營保險公司的可扣稅延期年金一樣，本質上都是保險單，是儲蓄保險的一種。年金的運作方式是在打工仔需要先投入一筆錢，可以是一次過付款，或者像每月供保險般分期投入。然後根據保單條款，在過了一定的供款年期後，便能定期收到年金。

公共年金的吸引之處，是只要過了供款期，就終生都有錢派，萬一打工仔在保單開始後不久便去世，他的繼承人將可獲得保費105%的賠償。公共年金的回報率取決於打工仔壽命長短，壽命愈長，自然能得到更多期數的年金，提高回報率。此外，由於男女的預期壽命不同，男女的年金派發金額並不一樣，造成了圖表4.4中男女的回報率差異。

**圖表4.4　愈長壽，公共年金回報率愈高**

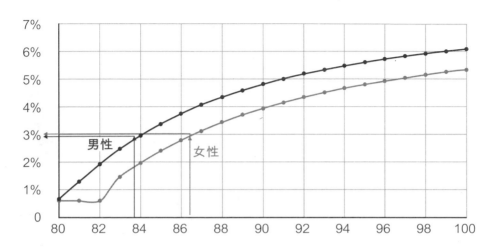

男性

女性

## 🔍 公共年金派足一世，延期年金可享扣稅

公共年金可以派足一世，其他私營保險公司的
延期年金卻通常有一個取年金的期限，例如10
年或20年，只有極少數可以保障到壽命結束。
不過，這些延期年金通常可享扣稅，即是打
工仔可以在退休前，例如50歲開始
每年供款並享有扣稅，到65歲
退休時獲得10至20年的年金。
公共年金則不可扣稅。

由於年金的本質是保單，理論上不會如股票般出現價格變動，最大的風險因只有保險公司倒閉，而公共年金的背後是按揭證券公司及政府，倒閉的機會是零。相比之下，私營公司的延期年金的風險自然較公共年金高。所以，為吸引打工仔，很多保險公司都會在延期年金中加入一些「非保證回報」的噱頭，即是假若保險公司於某年度的業績大好，持有延期年金的打工仔除了正常的「保證回報」之外，就可能會收到「花紅」，即是「非保證回報」。不過，由於這些「花紅」不是經常有，筆者建議大家在選擇年金計劃時，不需太著眼於這些非保證回報。

截至2023年2月底，保監會名單上共有23隻可扣稅延期年金保單，筆者在圖表4.5中整理了當中比較重要的資料，包括年金派發期，及假設由45歲開始供款的回本期。如果無視非保證回報，延期年金的回報大約為2%左右。雖然回報不算太高，但一來風險不算高，亦能保證現金流，所以也是退休投資的好選擇。

## 圖表4.5 保監會名單可扣稅延期年金綜合一覽

截至 2023 年 2 月

| 保單名稱 | 公司名稱 | 投保年齡 | 繳費年期 | 年金入息期 | 保證回報/保證回報+非保證回報 | 回本期 (payback period) |
|---|---|---|---|---|---|---|
| 中銀人壽延期年金計劃(固定年期) | 中銀 | 45 至 75 歲 | 5 年 | 第 5 個保單週年日之後 10 年 | 2.32% | 14 |
| | | 40 至 75 歲 | | 第 10 個保單週年日之後 10 年 | 2.50% | 18 |
| 中銀人壽延期年金計劃(終身) | 中銀 | 18 至 55 歲 | 5 年/10 年 | 60 歲至身故 | 1.48% | 36 |
| | | | | | 3.64% | 27 |
| 保誠「雋逸人生」延期年金計劃 | 保誠 | 26 至 70 歲 | 5 年/10 年 | 10 年/20 年 | 0.87% | 28 |
| | | | | | 3.27% | 24 |
| 滙豐盈達延期年金計劃 | 滙豐 | 46 至 70 歲 | 5 年 | 20 年或直至 99 歲 | 1.38% | 35 |
| | | | | | 2.98% | 27 |
| 滙豐聚富入息延期年金計劃 | 滙豐 | 41 至 65 歲 | 5 年/10 年 | 10 年 | 0.93% | 37 |
| | | | | | 3.31% | 31 |
| AIA延期年金計劃 | 友邦 | 18 至 60 歲 | 5 年 | 10 年 | 1.65% | 27 |
| | | | | | 3.20% | 25 |
| 豐碩延期年金計劃 | 永明 | 18 至 65 歲 | 5 年/10 年 | 10 年/15 年/20 年/至 100 歲 | 2.68% | 35 |
| | | | | | 4.04% | 31 |
| 歲稅樂享延期年金 | 宏利 | 18 至 60 歲 | 5 年/10 年 | 15 年至 30 年 | 1.73% | 34 |
| | | | | | 4.32% | 28 |
| 「樂享休悠 II」延期年金計劃 | 香港人壽 | 30 至 54 歲 | 6 年 | 30 年至 35 年 | 2.06% | 39 |
| | | | | | 4.07% | 32 |
| 黃金稅悅延期年金計劃 | 泰禾 | 40 至 70 歲 | 5 年/10 年 | 10 年/15 年 | 0.73% | 20 |
| | | | | | 3.68% | 17 |

| 保單名稱 | 公司名稱 | 投保年齡 | 繳費年期 | 年金入息期 | 保證回報/保證回報+非保證回報 | 回本期 (payback period) |
|---|---|---|---|---|---|---|
| 「晉盛」延期年金人壽保險計劃 | 恒生 | 30 至 70 歲 | 5 年/10 年 | 20 年/30 年 | 1.28% | 36 |
| | | | | | 3.32% | 32 |
| 「賞豐盛」延期年金計劃 | 安盛 | 18 至 65 歲 | 5 年/10 年 | 10 年/20 年 | 1.53% | 34 |
| | | | | | 4.21% | 27 |
| 「易入息」延期年金計劃 (100% 全保證) | 恒生 | 35 至 64 歲 | 5 年 | 10 年 | 2.09% | 18 |
| | | | | | 2.09% | 18 |
| 盈‧歲悅延期年金計劃 | 富衛 | 19 至 76 歲 | 5 年/10 年 | 10 年/20 年 | 1.67% | 34 |
| | | | | | 3.64% | 29 |
| 豐盛稅悅保延期年金 | 忠意 | 18 至 70 歲 | 5 年/10 年 | 10 年 | 2.05% | 27 |
| | | | | | 3.58% | 25 |
| 「裕享」延期年金計劃 2 | 富通 | 20 至 68 歲 | 5 年/9 年 | 20 年 | 1.49% | 34 |
| | | | | | 4.37% | 27 |
| 優暇人生延期年金計劃 II | 中國人壽 | 18 至 72 歲 | 5 年/10 年 | 28 至 48 年 | 1.64% | 44 |
| | | | | | 4.09% | 30 |
| 安達 Gold 富稅延期年金計劃 | 安達 | 18 至 60 歲 | 5 年/10 年 | 10 年 | 1.32% | 28 |
| | | | | | 3.70% | 26 |
| 太平賦裕延期年金計劃 II | 中國太平人壽 | 18 至 60 歲 | 5 年 | 10 年/20 年 | 2.59% | 30 |
| | | | | | 4.92% | 26 |
| 歲稅 Fun 享延期年金計劃(固定年期) | 中國太平洋 | 40 至 80 歲 | 5 年/10 年 | 10 年 | 3.09% | 13 |
| | | | | | 3.01% | 18 |
| 頤養天年延期年金計劃(終身) | 中國太平洋 | 22 至 80 歲 | 5 年/10 年 | 60 年 | 2.42% | 41 |
| | | | | | 3.91% | 33 |
| 萬通延期年金 2 | 萬通 | 30 至 70 歲 | 5 年/10 年 | 10 年/20 年 | 1.74% | 33 |
| | | | | | 4.05% | 27 |
| 「存」為未來(優越)延期年金計劃 2 | 立橋 | 18 至 70 歲 | 5 年/10 年 | 10 年/20 年 | 3.20% | 19 |

## 風險最低的債券——「iBond」和「銀色債券」

説完年金，就説説另一種風險同樣較低的投資產品，就是債券。由於我們以低風險為首要考慮，所以筆者只討論兩種政府債券，分別是「通脹掛鈎債券」（iBond）和「銀色債券」。由於兩種債券都是由香港政府發行，因此不用擔心違約風險，以下就讓我們來比較看看兩者的分別。

香港人對「通脹掛鈎債券」（iBond）應該比較熟悉，畢竟早在2014年已經推出，推出時更被視為近乎無風險的必賺投資，因而哄動一時。iBond的確是低風險投資產品，而且有二手市場，早期甚至曾出現「炒iBond」熱潮。但政府不是每年都會發行新iBond，有意投

資的話就要留意政府宣佈的推出年期。

「銀色債券」則是在2016年推出，最初只有65歲以上的銀髮族才能認購，不過近年的認購資格已降至60歲。銀色債券與大家較熟悉的iBond有些不一樣，它沒有二手市場，萬一想提早放售套現，只能申請將銀色債券以原價賣回給政府，靈活性相對較低。不過，銀色債券的優點是可以抗通脹，其息率會按照香港的通脹情況進行調整。而且銀色債券設有保障措施，即使通脹率低於某個百分比（例如2022年發行的4％），它也會按照當初發行時所訂定的保底下限來支付利息。比起iBond，銀色債券的保底下限息率較高。換句話說，銀色債券在息率保障上略勝iBond，但iBond的好處是流動性較高，在二手市場較易賣債套現，更有機會從賣出的差價中賺取利潤。

不過，要留意這些政府債券每次推出都十分搶手，打工仔最終能獲發的債券手數有限，最多可能亦只有兩、三手，等於約20萬元資產左右。換句話說，能從中賺取的利息亦有限，不能單靠這些債券作為退休投資。而且無論是銀色債券或iBond，它們的年期都只有3年，回報的持續性很低，每次到期又要另覓投資物。因此，筆者認為政府債券只能視作穩健但金額較小的投資選擇之一，可以從中賺點零用錢，但不能提供穩定持續的現金流。

## 🔍 投資前三思──定期存款、收息股、磚頭

最後三種是普遍打工仔最熟悉的投資產品，但筆者反而提醒大家要考慮清楚。首先是定期存款，每當銀行存款利率較高時，不少銀行便乘機推出一些「高息定期存款」產品，息率可以達4%以上，十分吸引。不過，近年港元息率上升的背後原因，是美國由2022年起不停以加息抵抗通脹，即是受貨幣政策影響的曇花一現。長遠來説，銀行定期存款的利率會維持在2%至3%之間，比運用「動力四式」後的強積金回報為低，又要綁定較長年期，不如強積金般靈活。

至於收息股，筆者認為不要過份依賴，一來某些股票的風險太高，按月波幅超出退休人士可承受的水平。而且派息與否視乎公司政

收息股

定期存款

物業

策，即使過往年年派息，今年都可以突然宣佈不派息，如果依靠股息支持生活費現金流，隨時大失預算。如果退休後想投資股票市場，謹記不要太進取，不要太貪心，盡量以持有一籃子股票或ETF為主。

至於買樓，如果打工仔於退休前已經有樓收租，退休後繼續收租無妨。但如果打算利用退休金買樓，靠租金收入換取現金流，筆者就建議三思！因為物業的管理及維修涉及大量現金開支，例如管理費、保養裝修、稅務、按揭、差饷及一大堆雜費，如果未找到租客，甚至遇上租霸，隨時會帶來負現金流。而且物業資產流動性低，萬一急需用錢較難變現。

## ⊕ ▶ 分散投資組合參考

筆者也不是強積金「大好友」，只是希望藉着本書，打破普遍打工仔對強積金的偏見，並幫助大家用盡這筆資產，達到最理想的退休生活。市面上各種投資產品，不論股票、債券、強積金、通脹掛鈎債券、銀色債券、高息定期等都各有長處短處，最好的資產配置就是分散於這些資產上，互為補足。不要認定只有年金好或只有股票債券好，而忽視強積金，更不要讀完本書便以為強積金最好，將所有退休資產都投入強積金，強積金只是芸芸投資產品中的選擇之一。

作為拋磚引玉，筆者亦在此分享一個退休投資組合，大家可以作為部署退休投資的參考。

**圖表4.6　100萬退休投資組合參考**

| 資產 | 價值（元） | 現金流 | 備註 |
|---|---|---|---|
| 銀色債券 | 20 萬 | 每半年 4,000 元 | 每半年派息一次 |
| 年金 | 30 萬 | 每月 1,740 元 | 已投入 30 萬本金，終身領取每月 1,740 元 |
| 強積金及國際股票基金 | 40 萬 | 每月 2,000 元 | 以低風險策略管理，每月分期提取 2,000 元，夠用 30 年 |
| 現金 | 10 萬 | | |
| | 總值 100 萬 | 平均每月現金流 4,400 元 | |

資產不多的退休人士，可以參考以上投資組合，憑 100 萬資金創造每月 4,000 多元現金流，每月便多點零用錢花。

如果資產較多，則可以考慮以下組合：

## 圖表4.7 1,000萬退休投資組合參考

| 資產 | 價值（元） | 現金流 | 備註 |
|---|---|---|---|
| 現金及銀行定期 | 150萬 | 每月3,000元 | 分開12個月，每月做1份一年定期，變相每月派息一次 |
| 年金 | 350萬 | 每月20,300元 | 已投入350萬本金，終身領取每月20,300元 |
| 特設投資組合 ❶ | 500萬 | 每月16,700元 | 以低風險策略管理，每月從盈利提取16,700元 |
| | 總值1,000萬 | 平均每月現金流40,000元 | |

**Portfolio 1**

❶

| Asset Class | Allocation |
|---|---|
| US Stock Market | 24.00% |
| Global ex-US Stock Market | 16.00% |
| 10-year Treasury | 40.00% |
| REIT | 10.00% |
| Gold | 10.00% |

🖫 Save portfolio »

- US Stock Market
- Global ex-US Stock Market
- 10-year Treasury
- REIT
- Gold

上述特設投資組合是筆者配置的投資組合，當中包括股票、債券、REIT與黃金，以最低風險的策略管理，年均回報達7%，單是盈利也足以每月提取16,700元，讓本金繼續不停滾存。

何謂「低風險的策略管理」？在接下來的第五章為大家講解。

chapter 5
# 用「動力四式」
## 賺更多

# 5.1 策略投資助提早退休

如果大家有依照第三章的「動力四式」來管理強積金，相信已經看到自己的基金回報表現提升。但筆者都是過來人，明白即使回報表現提升，依然有人歡喜有人愁，大量打工仔仍在苦海浮沉——我還有X年便退休，即使現在學懂管理強積金，每年達到8%回報，也已經太遲！我又沒有甚麼其他儲蓄，退休生活沒有指望了，一生註定「有開工無收工」！

本書的最後一章，就是要教大家「有心唔怕遲」。如果你初入職場便接觸到本書，恭喜你，提早擺脫退休壓力。但如果你已踏入中年甚至臨近退休，才慨嘆與「動力四式」相逢恨晚，筆者要告訴你別放棄，一切都有得救！如果起步太遲，在剩餘的年期不能單靠年均8%強積金回報滾存出理想退休，我們仍可以絕地反擊，將「動力四式」應用於個人投資上，化腐朽為神奇，準時於65歲收工退休。

# 📟 ▶ 計計自己要多少回報率才達標

既然強積金遲起步的打工仔要「追落後」，便要先計算清楚，自己差多少錢才足以退休。假如打工仔 Mary 今年 45 歲，目標是 65 歲時儲夠 475 萬元退休。Mary 有強積金 20 萬元，只有強制性供款，如果以「動力四式」的第二至四式混合管理，預期每年有 8% 回報，即 20 年可滾存至 257 萬元，與目標相差 218 萬元。假如 Mary 完全沒有強積金以外的其他積蓄，換句話說，Mary 的任務是要在之後的 20 年間，累積其他積蓄 218 萬元。假如 Mary 能每月進行其他積蓄 1,500 元，需要平均每年 15% 投資回報便能累積 218 萬以上。

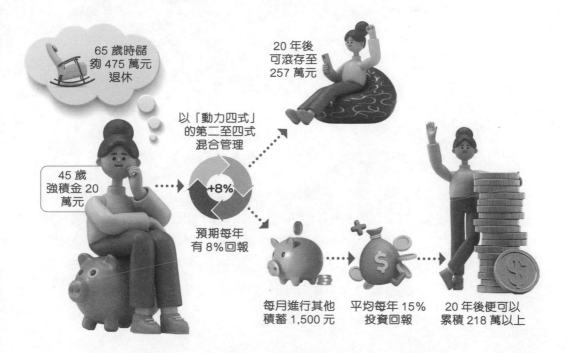

65 歲時儲夠 475 萬元退休

20 年後可滾存至 257 萬元

以「動力四式」的第二至四式混合管理

45 歲強積金 20 萬元

+8%

預期每年有 8% 回報

每月進行其他積蓄 1,500 元

平均每年 15% 投資回報

20 年後便可以累積 218 萬以上

又例如如果 Mary 已有強積金以外的其他積蓄 50 萬元，即使每月不作其他積蓄，將 50 萬元以回報 8% 以上的投資策略作滾存，亦能累積 218 萬以上。

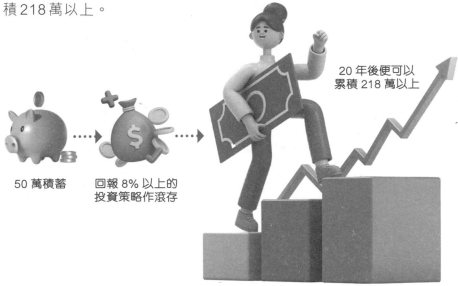

50 萬積蓄　　回報 8% 以上的
　　　　　　投資策略作滾存

20 年後便可以
累積 218 萬以上

大家可以按此簡易方程式（https://www.mpfa.org.hk/calculator/calculator），計算自己每年所需的其他積蓄及投資回報率。

知道了目標回報率後，還要考慮自己的風險承受能力。雖然本章是要教大家將「動力四式」應用於個人投資，彌補與理想退休之間的差距，但筆者必須提醒大家，投資不能只講回報，也要考慮風險。太心急追求高回報，萬一遇著大跌市隨時「本都蝕埋」，過份保守卻又退休無期，兩者要如何取得平衡？筆者自創了一套簡單的方程式。

## 計計自己的風險承受能力

只要用10減去年齡十位數，就可以評估你的風險承受能力。如果你是一名37歲的打工仔，你的風險承受能力就是（10－3）＝7，即是可承受7%按月波幅。這個7%按月波幅的概念，對應的最大跌幅為約35%至70%左右。大家可以參考圖表5.1，評估自己的風險承受能力。不過，相關數字只能作為參考，實際上還是要考慮自己的個人需要而調整。例如你家庭負擔很大，或者看見跌市便擔心得睡不著，就要調低自己的可承受波幅，再部署相應的投資策略。

**圖表5.1　不同年齡可承受風險程度參考**

| 年歲 | 90 歲 | 80 歲 | 70 歲 | 60 歲 | 50 歲 | 40 歲 | 30 歲 |
|---|---|---|---|---|---|---|---|
| 按月波幅 | 1% | 2% | 3% | 4% | 5% | 6% | 7% |
| 預期<br>最大跌幅 | 5% 至<br>10% | 10% 至<br>20% | 15% 至<br>30% | 20% 至<br>40% | 25% 至<br>50% | 30% 至<br>60% | 35% 至<br>70% |

上一章結尾，筆者展示了兩個退休投資組合，當中都使用了低風險投資策略管理，即是按月波幅2.5%以下的策略。

此外，筆者亦建議適時運用四個高回報、中風險的策略，下一章節會詳細教大家。

# {!0} ▶ 平衡風險及回報選策略

因應自己的目標回報率及風險承受能力，便可以部署相應的投資策略。在下一章節，筆者將會教大家一套簡單操作，將「動力四式」的第三式「動力三寶」應用於個人投資，而該操作又可以舉一反三，因應不同的回報及風險程度演變成四種策略。大家可以參考圖表5.2，評估哪一種策略最能滿足自己的需求。

**圖表5.2　由「動力三寶」演變的四大投資策略**

| 投資策略 | 簡易策略 | 進取策略 | 保守策略 | 進階策略 |
|---|---|---|---|---|
| 預期年均回報 | 8.46% | 11.99% | 10.17% | 15.43% |
| 按月波幅 | 3.40% | 3.23% | 2.69% | 3.26% |
| 回報／波幅（夏普比率） | 2.49 | 3.71 | 3.78 | 4.73 |
| 風險程度 | 中 | 中 | 低至中 | 中 |
| 特點 | 全球大型市場股票基金為主／操作最簡單 | 全球大型市場股票基金及美國國債基金為主／較進取 | 資產分散度高／較保守 | 美國股市為主／著重行業板塊 |

大家可以先根據自己計算的目標回報率，找出對應的投資策略，然後再參考圖表5.1，看看對應的按月波幅自己是否能承受。但萬一風險程度超出了承受範圍，就要選擇風險低一級的策略，或者降低策略佔自己的資產比重，也可以參考各個策略的特點，看看哪種與自己的投資偏好最相符。

# 5.2 「動力三寶」遇上ETF

講白一點，強積金的成分基金其實只是一大堆股債投資物，問題是這些投資物的表現大多介乎中等至偏差，所以才會給大眾「強積金長期蝕」的壞印象。既然「動力四式」能挽救強積金，那麼將其應用於強積金以外的投資上，表現只有更加出色。接下來，筆者會集中講解「動力四式」中的第三式「動力三寶」，亦即因子投資理論中的「雙重動力」，幫助大家憑「一招打天下」，追回落後的回報以圓準時退休夢。

大家應該都記得，第三式「動力三寶」的特點之一是較進取而回報高，但應用於強積金時，會因為強積金的特殊生態，例如債券基金種類偏少而出現集中風險。但當跳出強積金框框，回到自己的地頭

股債市場，便又是另一種風景。
先和大家分享多一點「動力三寶」
的原型，即「雙重動力」的原理：
顧名思義，「雙重動力」
中包含了兩種動力，分
別是絕對動力（Absolute
momentum）與相對動力
（Relative momentum）。

「絕對動力」的原理，是將兩隻風險回報高低不同的投資物作比較，
找出較值得投資的一隻。首先回顧較高風險投資物的表現，再與風
險回報較低的投資物進行比較，從而選擇回報較佳的一方。舉個實
際例子，我們想知道現在是否買入追蹤美股指數ETF的好時機，比
如美國S&P 500指數，我們便要先計算S&P 500指數過去一年的回
報率。假設今天的美國S&P 500指數為4000點，一年前的指數為
3000點，回報率就是（4000/ 3000 −1×100%）＝33%。然後，
我們選擇短期美國國債作為低風險回報的投資物，再按同樣算式計
算回報率。最後將兩者的回報率比較，投資回報更高的一方，這就
是絕對動力。

$$\left(\frac{4000}{3000} - 1\right) \times 100\% = 33\%$$

今天
S&P 500 指數 ·······►

一年前的指數
S&P 500 指數 ·······►

至於「相對動力」，就是去比較多隻同類型投資物的回報，選出回報較佳的一方。延續剛才的例子，我們想知道現在是否買入追蹤S&P 500指數ETF的好時機，便先計算美國S&P 500指數的回報率，再計算美國以外的歐洲、澳洲和遠東股票指數過去一年的回報率，選出回報率最高的一隻去投資，這就是相對動力。

## ▶ 得ETF得天下

明白了「動力三寶」背後的原理，現在我們將它套用到實際投資上。第一個最簡單的操作，是將其應用於ETF上。其實近年因子投資愈發盛行，不少頂尖基金公司都已推出因子投資的基金產品，好像BlackRock的iShares系統內有大量因子投資ETF（通常又稱為smart beta），打工仔最耳熟能詳的恒生指數　　公司，旗下亦有不少以因子投資為基礎的指數　產品，即是說如果能夠跟隨這些因子指數去投資，便等於執行了因子投資策略，省去不少心力。筆者的個人投資經驗亦如是，起初畫畫平均線、數一數浪、緊貼新聞資訊，然後學習睇財報，發掘

企業內涵價值，計算現金流⋯⋯忙得不可開交，得到的回報卻不成正比。最後返璞歸真，直接將「雙重動力」套入ETF，節省了分析選股的精神時間，回報卻有增無減。

第一種最簡單的操作，是選擇兩隻不同地區的ETF和一種低風險回報投資物，例如美國股市ETF（如SPY）、美國以外的歐洲、澳洲和遠東股票ETF（如EFA）和現金。然後在每個月頭，查找上月最後交易日的基金價格，並以該價格計算兩隻ETF的對上12個月累計回報率。如果計算結果是SPY的對上12個月累計回報比較高，這個月就投資SPY；如果EFA的回報比較高，本月就投資EFA；但如果SPY的回報率為負數，這個月就持有現金。

### 圖表 5.3 「動力三寶」投資 ETF 操作

## ▶ 使用網上工具，部署更輕鬆

我們之前管理強積金，一直都是按照每月頭更新Excel數據的操作，因為強積金的生態環境較特殊，暫時未有工具可以直接比較各計劃不同成分基金表現。但當來到強積金以外的股債市場，網上有很多現成工具可以使用，協助我們部署每月投資策略，連更新Excel數據的工夫也省回。

其中一隻筆者常用的工具為「Portfolio Visualizer」，如果進行基本分析，使用它的免費版已經足夠。

Portfolio Visualizer：https://www.portfoliovisualizer.com/

進入網頁後，首先如圖表5.4標示般，在右下角的「Timing Models」內選取❶「Dual Momentum」，然後如圖表5.5般輸入投資物，再設定回顧年期為❺12個月。

### 我們選用的投資物：

• 美國S&P 500指數：SPDF S&P 500ETF Trust（SPY）❸
• 美國以外的歐洲、澳洲和遠東股票指數：iShare MSCI EAFE ETF（EFA）❷
• 現金：CASHX❹

其他適用於簡易策略的基金／低風險投資選項：VOO, VEU

**圖表 5.4　點選「Dual Momentum」檢視「雙重動力」策略**

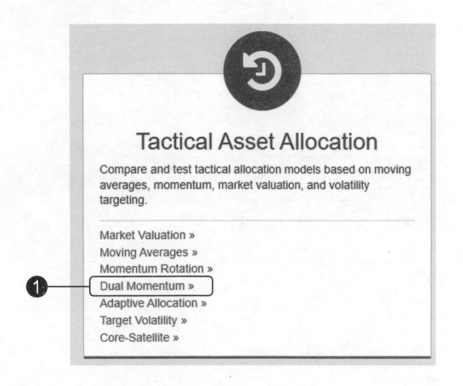

## 圖表5.5　輸入年期及投資物

**Model Configuration**

| | |
|---|---|
| Saved Strategy ❶ | Select... ⌄ |
| Tactical Model ❶ | Dual Momentum ⌄ |
| Time Period ❶ | Year-to-Year ⌄ |
| Start Year ❶ | 1985 ⌄ |
| End Year ❶ | 2022 ⌄ |
| Initial Amount ❶ | $ 10000 .00 |
| Cashflows ❶ | None ⌄ |
| **② Tickers ❶** | SPY, EFA |
| Single absolute momentum ❶ | Yes ⌄ |
| **③ Absolute momentum asset ❶** | SPY 🔍 |
| Out of Market Asset ❶ | Select asset... ⌄ |
| **④ Specify out of market asset** | CASHX 🔍 |
| Performance Periods ❶ | Single Period ⌄ |
| **⑤ Lookback Period ❶** | 12 months ⌄ |
| Exclude Previous Month ❶ | No ⌄ |
| Assets to hold ❶ | 1 ⌄ |
| Stop Loss ❶ | No stop-loss ⌄ |
| Trading Frequency ❶ | Monthly ⌄ |
| Trade Execution ❶ | Trade at end of month price ⌄ |
| Leverage Type ❶ | None ⌄ |
| Compared Allocation ❶ | Default ⌄ |
| Benchmark ❶ | None ⌄ |
| Fee Structure ❶ | None ⌄ |

## 圖表5.6　點選「Model Selections」作每月部署

| Model Selections ❻ | | | | | | | |
|---|---|---|---|---|---|---|---|
| # | Start | End | Months | Assets | Asset Performance | Dual Momentum Model | Equal Weight Portfolio |
| 28 | Jan 2023 | Jan 2023 | 1 | 100.00% Cash (CASHX) | - | - | - |
| 27 | May 2022 | Dec 2022 | 8 | 100.00% Cash (CASHX) | CASHX: 1.72% | 1.72% | -3.80% |
| 26 | Jun 2020 | Apr 2022 | 23 | 100.00% SPDR S&P 500 ETF Trust (SPY) | SPY: 39.39% | 39.39% | 30.49% |
| 25 | Apr 2020 | May 2020 | 2 | 100.00% Cash (CASHX) | CASHX: 0.02% | 0.02% | 14.83% |
| 24 | Mar 2019 | Mar 2020 | 13 | 100.00% SPDR S&P 500 ETF Trust (SPY) | SPY: -5.18% | -5.18% | -9.70% |
| 23 | Jan 2019 | Feb 2019 | 2 | 100.00% Cash (CASHX) | CASHX: 0.40% | 0.40% | 10.42% |
| 22 | Jun 2018 | Dec 2018 | 7 | 100.00% SPDR S&P 500 ETF Trust (SPY) | SPY: -6.37% | -6.37% | -9.52% |
| 21 | Jul 2017 | May 2018 | 11 | 100.00% iShares MSCI EAFE ETF (EFA) | EFA: 7.57% | 7.57% | 10.60% |
| 20 | Apr 2016 | Jun 2017 | 15 | 100.00% SPDR S&P 500 ETF Trust (SPY) | SPY: 20.68% | 20.68% | 20.21% |
| 19 | Feb 2016 | Mar 2016 | 2 | 100.00% Cash (CASHX) | CASHX: 0.05% | 0.05% | 4.83% |

如圖表5.3般輸入資料後，點選「Run Test」，再在圖表5.4標示的位置點選「Model Selections」，便會得到分析結果。我們只需由每月月頭更新Excel表，改為每月月頭查看一下「Model Selections」的分析結果，並將資產配置至相關ETF或者現金。例如在2023年1月頭執行Portfolio Visualizer計算，得出圖表5.6的結果❻，顯示持有現金是明智之舉，我們可以就原封不動地持有現金。如果下個月的結果為應落實於美國S&P 500指數基金，我們就買入SPY。

❻

| # | Start | End | Months | Assets | Asset Performance | Dual Momentum Model | Equal Weight Portfolio |
|---|---|---|---|---|---|---|---|
| 27 | May 2022 | Dec 2022 | 8 | 100.00% Cash (CASHX) | CASHX: 1.72% | 1.72% | -3.80% |

## ▶ 每月5分鐘，換來年均回報8%

每月頭查看Portfolio Visualizer並在「三寶」之間作相應調配，整個操作過程十分簡單，連5分鐘都不用。讓我們來看看每月付出這5分鐘，能帶來甚麼回報。

### 圖表5.7　點選「Summary」查來策略表現

在圖表 5.7 的標示位置點選 ❼「Summary」，便可得出應用「動力三寶」投資 ETF 的表現如何。由 2003 年至 2022 年，20 年間雖然經歷大起大跌，但整體年均回報率仍達 ❽ 8.46%。每月花 5 分鐘時間管理投資，換來年均 8% 以上的資產增值，「時薪」可説相當高！

Model Simulation Results (Jan 2003 - Dec 2022)  ☐ Link  ☐ PDF  ☐ Excel  ☐ Save

Tactical asset allocation model results from Jan 2003 to Dec 2022 are based on dual momentum model holding the best performing asset. SPDR S&P 500 ETF Trust (SPY) is compared against the risk-free rate as the absolute momentum check in the model to switch assets to Cash (CASHX) when its excess return over the risk-free rate is negative. The model uses a single performance window of 12 calendar month(s). Tactical asset allocation model trades are executed using the end of month close price each month based on the end of month signals. The time period was constrained by the available data for iShares MSCI EAFE ETF (EFA) [Sep 2001 - Aug 2023].

Summary   Metrics   Annual Returns   Monthly Returns   Drawdowns   Rolling Returns   Model Selections

**Performance Summary**

❽

| Portfolio | Initial Balance | Final Balance | CAGR | Stdev | Best Year | Worst Year | Max. Drawdown | Sharpe Ratio | Sortino Ratio | Market Correlation |
|---|---|---|---|---|---|---|---|---|---|---|
| Dual Momentum Model | $10,000 | $50,712 | 8.46% | 11.79% | 28.74% | -11.49% | -21.45% ❶ | 0.65 | 0.99 | 0.71 |
| Equal Weight Portfolio | $10,000 | $47,366 | 8.09% | 15.43% | 34.17% | -38.85% | -54.10% ❶ | 0.50 | 0.73 | 0.96 |

Model Simulation Results (Jan 2003 - Dec 2022)

| Portfolio | Initial Balance | Final Balance | CAGR | Stdev | Best Year | Worst Year | Max. Drawdown | Sharpe Ratio | Sortino Ratio | Market Correlatioln |
|---|---|---|---|---|---|---|---|---|---|---|
| Dual Momentum Model | $10,000 | $50,712 | 8.46% | 11.79% | 28.74% | -11.49% | -21.45% | 0.65 | 0.99 | 0.71 |
| Equal Weight Portfolio | $10,000 | $47,366 | 8.09% | 15.43% | 34.17% | -38.85% | -54.10% | 0.50 | 0.73 | 0.96 |

此外，值得一提的是上述策略的按月波幅則為 ❾ 3.40%，低恒指波幅大約一半，比到處「問冧把」的風險更低。另一方面，此按月波幅與強積金整體非常接近，但整體回報卻優於強積金整體。由此可見，強積金會因其特殊性令回報表現受限，即使承受同樣風險，強積金和強積金以外的投資能帶來不同的回報。但作為精明打工仔，最好當然是運用投資策略，將兩者都賺到盡。

❾

| Summary | Metrics | Annual Returns | Monthly Returns | Drawdowns | Rolling Returns | Model Selections |
| --- | --- | --- | --- | --- | --- | --- |

**Risk and Return Metrics**

| Metric | Dual Momentum Model |
| --- | --- |
| Arithmetic Mean (monthly) | 0.74% |
| Arithmetic Mean (annualized) | 9.21% |
| Geometric Mean (monthly) | 0.68% |
| Geometric Mean (annualized) | 8.46% |
| Standard Deviation (monthly) | 3.40% |
| Standard Deviation (annualized) | 11.79% |
| Downside Deviation (monthly) | 2.18% |
| Maximum Drawdown | -21.45% |

Risk and Return Metrics

| Metric | Dual Momentum Model |
| --- | --- |
| Standard Deviation (monthly) | 3.40% |

## ▶ 以提取率計計退休儲備夠用幾年

如果想更深入了解投資策略表現，可以點選圖表5.8所標位的 ❿「Metrics」，查看更加詳細的分析結果，包括各種計算平均回報及波幅的指標，例如大家可能都聽過，但又似懂非懂的alpha、beta等。

## 圖表5.8　點選「Metrics」作更深入分析

| Metric | Dual Momentum Model |
|---|---|
| Arithmetic Mean (monthly) | 0.74% |
| Arithmetic Mean (annualized) | 9.21% |
| Geometric Mean (monthly) | 0.68% |
| Geometric Mean (annualized) | 8.46% |
| Standard Deviation (monthly) | 3.40% |
| Standard Deviation (annualized) | 11.79% |
| Downside Deviation (monthly) | 2.18% |
| Maximum Drawdown | -21.45% |
| Stock Market Correlation | 0.71 |
| Beta[*] | 0.55 |
| Alpha (annualized) | 3.01% |
| $R^2$ | 50.41% |
| Sharpe Ratio | 0.65 |
| Sortino Ratio | 0.99 |
| Treynor Ratio (%) | 13.90 |
| Calmar Ratio | 0.23 |
| Active Return | -1.42% |
| Tracking Error | 10.78% |
| Information Ratio | -0.13 |
| Skewness | -0.40 |
| Excess Kurtosis | 1.41 |
| Historical Value-at-Risk (5%) | 5.29% |
| Analytical Value-at-Risk (5%) | 4.86% |
| Conditional Value-at-Risk (5%) | 7.63% |
| Upside Capture Ratio (%) | 69.69 |
| Downside Capture Ratio (%) | 65.65 |
| Safe Withdrawal Rate | 10.56% |
| Perpetual Withdrawal Rate | 5.48% |
| Positive Periods | |
| Gain/Loss Ratio | |

* US stock market is used as the benchmark for calculat...

**Risk and Return Metrics**

| Metric | Dual Momentum Model |
|---|---|
| Safe Withdrawal Rate | 10.56% |
| Perpetual Withdrawal Rate | 5.48% |

不過，以上各個概念，對初階投資者而言比較複雜，故筆者在此就不詳述，如果大家有興趣討論，可以留意筆者的網站文章（https://www.mpfdiy.com/），也可以在文章下留言互動。在芸芸指標中，筆者在此只抽出「提取率」跟大家介紹一下，因為它和打工仔的退休儲備息息相關。

在上一章的結尾，筆者提供了兩個退休投資組合供大家參考，當中提到組合（一）的資金若每月提取2,000元，將夠用30年，而組合（二）若每月提取16,700元，仍然只觸及利潤，達至終生都提取不完。這兩者的分別，就是提取率的概念。提取率的相關指標有兩個，分別是❶「可持續提取率」（Safe Withdrawal Rate，SWR）和❷「永存續提取率」（Perpetual Withdrawal Rate，PWR）。

SWR的概念，是在退休金中提取第一筆款項後，再按通脹率去調整以後每期的提取金額，目標是去到期末都有錢剩，餘額仍然大於零。舉個簡化版例子，打工仔John儲了100萬退休金，希望夠用20年，在不考慮通脹及假設退休金不作投資，每年最多提取（100萬／20年）＝5萬元，SWR即是5萬元／100萬元＝5%。

退休金
100萬元

$$\frac{100\ 萬元}{20\ 年} = 5\ 萬元$$

**可持續提取率（Safe Withdrawal Rate，SWR）**

$$\frac{5\ 萬元}{100\ 萬元} = 5\%$$

PWR則是在SWR的基礎上再增設條件，目標是去到期末時，本金並不會減少，即是每次提款都是從利潤中提取。假如打工仔Jack運用本書教的策略投資，將100萬元拿去投資，年報回報3萬元，他便可以每年提取3萬元，到20年後戶口結餘仍有100萬！每年只提取3萬元，直至期末本金都沒有減少，所以PWR便是3萬元／100萬元＝3%。

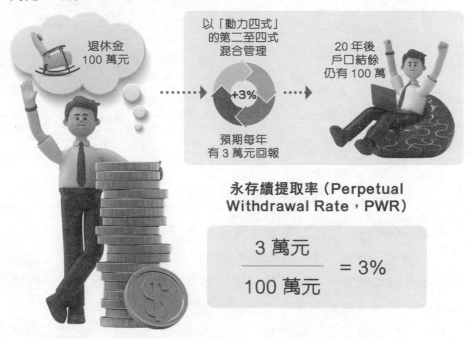

退休金 100 萬元

以「動力四式」的第二至四式混合管理

+3%

預期每年有3萬元回報

20 年後 戶口結餘 仍有 100 萬

永存續提取率（Perpetual Withdrawal Rate，PWR）

$$\frac{3 \ 萬元}{100 \ 萬元} = 3\%$$

了解SWR和PWR這些評價指標，對大家部署投資策略非常有幫助。雖然現在初次接觸，未必能馬上消化，但當熟習本章教的投資技巧以後，大家不妨再去識多一點點！

## 5.3 策略投資，進取保守兩相宜

在上一章節教了大家第一種簡易投資策略，它的年均回報為8.46%，按月波幅為3.40%。但如果仍然未「達標」到15%的回報，不足以安心退休，又或者按月波幅超出了承受能力，如何是好？別擔心，筆者現在教大家由簡易策略再變身而成的三種策略，定有一種能滿足你的需求。

### 投資債券市場的進取策略

如果8%年均回報未能滿足退休需求，可以考慮此進取策略。大家可能都留意到，剛才簡易策略選擇的兩種ETF都是大型市場的指數基金，好處是於經濟暢旺及股市向好時回報相對較理想，但於股市較差時只將資金調入現金停泊，較為保守。現在的進取策略則是投資一些比現金較高風險的債券市場基金，類似強積金第四式的風吹草動，亦會使用更短的回顧期經合，令資產轉換更頻密及緊貼市況，以追求更高回報。

在表現方面，進取策略在2003年至2022年底的20年間，年均回報率達12%，比簡易策略高近一半，而按月波幅則是3.23%，和簡易

| Model Configuration | | | | |
|---|---|---|---|---|
| Saved Strategy | Select | | | |
| Tactical Model | Dual Momentum | | | |
| Time Period | Year-to-Year | | | |
| Start Year | 1985 | | | |
| End Year | 2022 | | | |
| Initial Amount | $ 10000 | .00 | | |
| Cashflows | None | | | |
| Tickers | SPY, EFA | | | |
| Single absolute momentum | Yes | | | |
| Absolute momentum asset | SPY | | | |
| Out of Market Asset | Select asset... | | | |
| Specify out of market asset | IEF | | | |
| Performance Periods | Multiple Periods | | | |
| Period Weighting | Weight performance | | | |
| Exclude Previous Month | No | | | |
| Normalize Returns | No | | | |
| Assets to hold | 1 | | | |
| Stop Loss | No stop-loss | | | |
| Trading Frequency | Monthly | | | |
| Trade Execution | Trade at end of month price | | | |
| Leverage Type | None | | | |
| Compared Allocation | Default | | | |
| Benchmark | None | | | |
| Fee Structure | None | | | |
| Lookback Periods | Length | Unit | Weight | |
| Lookback Period #1 | 1 | Months | 25 | % |
| Lookback Period #2 | 3 | Months | 25 | % |
| Lookback Period #3 | 6 | Months | 50 | % |
| Lookback Period #4 | | Months | 0 | % |
| Lookback Period #5 | | Months | 0 | % |

策略差不多。看起來是否很「著數」？其實這是因為進取策略結合了戰術性資產配置和動力投資策略，讓資金於不同股票市場及債券之間遊走，由於回報率的增幅較大，提升了夏普比率，波幅和最大跌幅的影響相對較低。

而選擇哪些債券基金作比較並投資，是影響進取策略成敗的關鍵，由於美國對境外投資者持有美國基金的派息會收取30%的稅款，但美國政府債券的派息則免除此30%的稅款，所以進取策略的債券基金要以美國政府債券基金為主。以下是一些筆者挑選的基金選擇，供大家參考。

✓ 適用於進取策略的基金／低風險投資選項：IEI，TLT

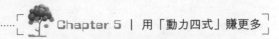

## ◎ ▶資產更多元化的保守策略

此保守策略的特色是投資物多
元化，亦即是投資市場風險更
分散，適合風險承受能力較低
的打工仔或臨近退休人士。
此保守策略的操作亦和前兩
種大同小異，不過這次的基金
選擇中加入了更多不同地域的
股票基金與及投資級別企業債
券基金，合共10隻基金，而我
們每個月頭只會比較債券市場的動力表現，如果債券市
場（VBMFX）的動力表現為正數，就於10隻基金選出
動力表現最好的5隻基金作平均投資。萬一月頭分析發現債券市場
（VBMFX）的動力表現為負數，本月就改為全數持有現金。

筆者選用了以下10隻基金：**美國標普500指數基金、美國科技
股基金、美國中型股票基金、美國以外成熟市場的股票基金、
新興市場股票基金、香港股票基金、美國房地產指數基金、黃
金、美國長期國債基金和美國企業投資級別債券基金**，如圖表
5.9般輸入⑬基金作每月頭動力比較即可。

**圖表5.9　輸入10隻基金作動力比較**

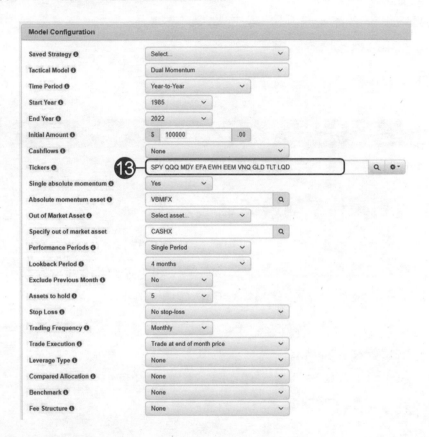

既然稱為保守策略，是否回報一定比較低？未必！數據顯示此策略
在2006年至2022年這17年間的年均回報為10.17%，按月波幅
只有2.69%。大家會否覺得奇怪，為何進取策略及保守策略的回報
都比簡易策略高，但按月波幅卻差不多，保守策略甚至按月波福更
低？所謂有付出才有回報，保守策略亦和進取策略一樣，需要大家

選基金時做做功課！如果所揀選的10隻基金都是劣質基金，策略的回報表現將會大打折扣。只有選對優質基金，才能讓資金從中遊走，大幅降低風險同時提高回報。

以下是適用於保守策略的一些基金考慮：

✔ 適用於保守策略的基金選項：VWO，VNQI，VCIT

## 🔄 ▶ 著重行業輪換的進階策略

最後第四個策略是進階版，它和簡易策略一樣以投資股市為主，卻不再是大包圍買指數，而是從不同行業（Sector）中選擇最具動力的股票行業，進行「行業輪換」（Sector rotation）。

透過挑選各個行業在不同時期、社會及經濟狀態下的表現，動力投資作出篩選後進行持有。先以債券基金作為「絕對動力」的比對，當債券基金（VBMFX）絕對動力向好時，就將資產分配到12隻行業基金之中動力最高的4隻行業基金，如果債券基金絕對動力出現負數，就將資產放入債券基金。這12個在「行業輪換」中出現的行業分別是：通訊、零售、奢侈品、能源、金融、健康、工業、資訊科技、原材料、房地產、公用事業及黃金。

## 圖表 5.10　輸入 12 隻行業基金作動力比較

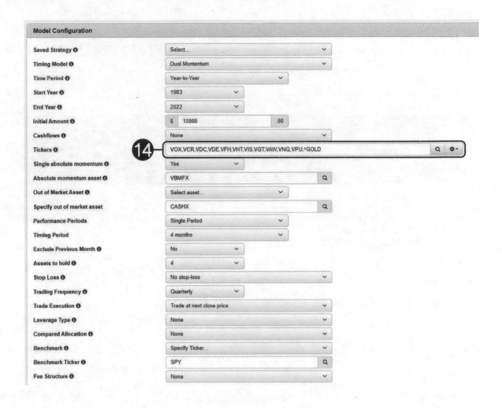

從2006年到2022年期間，進階策略的年均回報為15.43%，按月波幅為3.26%，即是回報為一眾策略之中最高，但波幅能維持。

同樣地，如何選擇12隻優質行業基金，是影響回報表現的關鍵。以下是適用於進階策略的一些基金考慮：

> ✔ 適用於進階策略的基金投資選項：⓮ XLC，XLY，XLP，XLE，XLF，XLV，XLI，XLK，XLB，XLRE，XLU

## ▶ 通往理想退「優」

以上四種策略，相信即使是投資經驗不多的打工仔都能輕易上手，連抓數據更新Excel都不用，每個月頭只需查看一下Portfolio Visualizer的分析，進行資產配置即可，期間不用每天精神崩緊緊貼市況，因為預先已評估過每種策略的按月波幅，令自身可以安枕無憂。不過，定期留意市場動向也是好事，尤其想選用保守策略或進階策略的打工仔，因為這兩隻策略的投資物較為廣泛，增進投資知識，對揀選基金自然有幫助。

# 附錄 B
# 挑選 ETF 指南

# 挑選ETF指南

　　第五章所教大家的投資策略操作十分簡單，每個月只需要5分鐘時間管理，但即使運用同樣策略，每月選取用作比較動力的基金不同，也可以得到不同的結果。

　　雖然筆者在介紹每個策略時，都提供了一些基金考慮供大家選擇，但始終投資產物日新月異，每個月都會有不同的基金或ETF推出，而投資世界每分鐘都在波動，即使是長年表現優秀的龍頭大基金公司，都可能突然有天風光不再。所以，如果一直只選用本書所提及的基金，幾年後或者十幾年後，表現可能出現變化，也可能會錯過一些新推出的優質基金。

所以，在最後的附錄，筆者想跟大家分享一些挑選基金的心得，既可以應用於挑選 ETF，也可以用於挑選強積金成分基金。

## ① 大型基金公司的基金種類較多

比起小型基金公司，大型基金公司一般能夠提供更多不同的資產類別，與及不同投資方向的基金選擇。現時的大型基金公司有貝萊德 Blackrock、領航 Vanguard、道富環球 SPDR、景順 Invesco、富達 Fidelity 等等。但記得不要專注投資單一基金公司，最好多元化選擇不同公司的基金，也要留意收費及基金資產值，以低收費及高資產值為佳。

## ② 基金成立至少五年以上

我們分析回顧投資策略時，最好有基金的長期價格數據作分析用，才能得到更全面及準確的分析結果，因此最好選擇至少已成立五年以上的基金。另一方面，一些新成立的基金，資產值較低，買賣交易量又不高，容易出現高低水，即是市場

價格與基金資產值不一致，令投資者「買貴貨」。

## ③ 以被動式跟蹤指數為主

被動式指數跟蹤基金的收費一般較低，又能與市場同步，令動力投資策略的計算更貼近現況及更為準確。況且，主動式管理基金背後的基金經理表現不一，即使是投資大師都有退休與江郎才盡的一天。

## ④ 美國ETF種類多，但留意稅制

本書的不少投資策略都以美國ETF以主，因為美國的投資市場擁有目前世上最多最齊全的基金及ETF，而香港的ETF市場自盈富基金出現之後沒甚發展，連一隻像樣的債券基金亦沒有，連帶香港強積金的基金種類亦是圍繞股票及債券，連黃金、房地產、行業基金亦十分缺乏。所以美國ETF的種類更多，更全面。但要留意，雖然港元及美元的匯率掛，勾不過投資基金及ETF仍要留意美元強弱，尤其於美國上市，但投資於非美國市場的基金，表現會受美元兌外幣的匯率影響。另外，美國是高稅率地區，對於不同國家的投資者與及不

同的投資物利潤有不同的稅收，投資前宜多搜集稅務資料。

以上的心得只是作為大家茫無頭緒時的參考，長遠而言，當然最好多留意市場資訊，增進自己的投資知識，才對選基金有最大幫助。有關強積金的新動向，筆者會經常於 MPFDIY.com 網站更新，發現到甚麼新策略或優質成分基金，也會第一時間於網站分享。歡迎大家到網站查看文章，如果對本書內容或者強積金有疑問，亦歡迎到網站互動。期望看到大家早日達成理想退休夢！

# 後記：為強積金發聲

正在閱讀此書的你，可能認為投資書作者一定是銀行大班、投資經理、強積金業界高層、保險區域董事、資產管理專家，又或者是熱門投資班大師、當紅財經頻道KOL、資深退休理財顧問等等。

不過，本書作者沒有上述頭銜，筆者與大家一樣都只是普通打工仔，「扮工」室小職員，有幾個「睇到但攞唔到」的強積金戶口。

從出版前作《積金大反擊》到這本《打造長勝強積金》，轉眼已過七年，這些年來筆者從未間斷地撰寫專欄文章、博客散文、接受媒體訪問報導等，圍繞的主題全是強積金，相信是全港最關心強積金的打工仔。熱心推廣強積金，並不會為筆者帶來名利，而是一份興趣，加上一份責任。

視強積金為興趣，因為筆者本身熱愛研究投資交易，如何運用近代新穎的投資理論及策略，在控制風險的前提下如何配置資產。直到某天，筆者在家吃餐蛋麵時，望見身為「墊枱紙」的一份強積金報告，才突然覺醒，為何自己不將研究投資的成果應用在強積金身

上？原來一直以來浪費
了太多機會，沒有去養大
自己的強積金！從此，
筆者的興趣延伸至研
究強積金，如何利
用投資知識去滾大強
積金，不要到退休時才後悔浪費了四十年的強積金累積期。試想強
積金每年多8%回報，四十年足以滾得多大！

視強積金為責任，因為見到不少人七老八十仍在街上執紙皮為生，
退而不能休！如果他們懂得及早「養大」自己的強積金，今天的生
活大概會不一樣。有人覺得無家者好慘，無人理，所以要為他們發
聲；又有些人覺得流浪貓狗好慘，無人理，所以要為牠們發聲；而
筆者則覺得強積金好慘，無人理之餘，仲成日被人鬧，所以要為它
們發聲。

雖然強積金的本質，是一大堆表現不一的股債投資物，但如果用對策略，「爛牌」都可以「食糊」。奈何現今普遍打工仔處理強積金投資，就似古時獵人出外打獵一樣，望天打卦，經常因為運氣不好就蝕了強積金，空手而回。透過《打造長勝強積金》，筆者希望令大家對強積金及投資有新的認識，從此像現代農夫般善用機械因時耕作，自至風調雨順，期待退休大豐收。

一些人可能覺得本書的見解十分大膽，試問世上有幾人曾提出「單靠強積金就可以安享退休」，「人到中年身無分文，依然可以逆轉勝翻身」！但當中並非大放厥詞，更不是藉機推銷甚麼奇怪投資產品，而是筆者在閱讀大量學術理論，觀察投資業界的成功實務操作後，研發改良而成的多種動力投資策略。想更精益求精的打工仔，不妨進一步閱讀書中提及的因子理論、動力投資等理論原文，增進自己的投資知識，先求知，再投資。

數碼影像大多過眼雲煙，文字書籍卻能長存心靈。筆者有次接受